Vincent Rodewyk

Erbschaftsteuer und Familienunternehmen

Wissenschaftliche Hochschule für Unternehmensführung (WHU) –
Otto Beisheim School of Management, Vallendar 2016

© 2016 Vincent Rodewyk

WHU Publishing – WHU on Family Business
Verlag: tredition GmbH, Hamburg

ISBN
Paperback   978-3-7323-8175-3
Hardcover   978-3-7323-8176-0

Printed in Germany

Das Werk, einschließlich seiner Teile, ist urheberrechtlich geschützt. Jede Verwertung ist ohne Zustimmung des Verlages und des Autors unzulässig. Dies gilt insbesondere für die elektronische oder sonstige Vervielfältigung, Übersetzung, Verbreitung und öffentliche Zugänglichmachung.

Geleitwort

Das Institut für Familienunternehmen der WHU (ifb@WHU) versteht sich als Impulsgeber und Vordenker rund um das Themenfeld Familienunternehmen. Mit einem 15-köpfigen Team aus Wissenschaft und Praxis beleuchten wir Familienunternehmen aus den unterschiedlichsten Perspektiven. Wir möchten unsere Erkenntnisse im Austausch mit der Praxis diskutieren, weitergeben und erweitern.

Im Zusammenhang mit Familienunternehmen wurde in den letzten Monaten das Thema Erbschaftsteuer intensiv diskutiert. An unserem Institut wurde dazu von Vincent Rodewyk die hier vorliegende Masterarbeit verfasst. Die Arbeit bietet einen exzellenten Überblick über die Entwicklung und Diskussion der Erbschaftsteuer in Deutschland.

Am Stammtisch werden zum Thema Erbschaftsteuer häufig zwei grundsätzliche Positionen vertreten: Einerseits sollen „die reichen Unternehmer nicht immer reicher werden und die Erben auch ihren Beitrag leisten". Andererseits muss sichergestellt werden, dass „Familienunternehmen nicht wegen der Erbschaftsteuer liquidiert und deshalb Arbeitsplätze abgebaut werden."

In diesem Spannungsfeld werden immer wieder neue Kompromisslösungen gesucht. Mögliche Kompromisse könnten unter anderem an folgenden Anforderungen bewertet werden:

1. Sowohl Familienunternehmer als auch die breite Bevölkerung sollten die Regelungen als „gerecht" wahrnehmen. Eine „Bevorzugung" von Familienunternehmen ist zu vermeiden.
2. Die Regelungen müssen dazu beitragen, dass Familienunternehmen attraktive politische Rahmenbedingungen und Rechtssicherheit (z.B. mit Blick auf das Bundesverfassungsgericht) in Deutschland vorfinden.
3. Regelungen sollten nicht dazu führen, dass Unternehmen nach Steuern gesteuert werden.
4. Die Regelungen müssen so einfach und transparent sein, dass die Steuergerechtigkeit nicht durch „Tricksereien" in Frage gestellt wird.
5. Die finanzielle Belastung durch die Erbschaftsteuer muss moderat sein und es darf nicht zu kurzfristigen Liquiditätsengpässen für betroffene Unternehmer kommen.

In einigen Modellrechnungen wird (oberhalb eines Freibetrages) von einem einheitlichen Steuersatz von circa 10% ohne Ausnahmen aber mit der Möglichkeit von Stundungen über z.B. 10 Jahre ausgegangen. Ein solches Modell könnte die oben genannten Anforderungen weitgehend erfüllen. Allerdings erfüllt der derzeitige politische Kompromiss zur Erbschaftsteuer diese Anforderungen höchstens teilweise. Wahrscheinlich wird das Thema Erbschaftsteuer uns also in wenigen Jahren wieder begegnen.

Wir hoffen, dass Ihnen die Lektüre der vorliegenden Masterarbeit viele Anregungen bietet!

Vallendar, November 2016

Jun.-Prof. Dr. Max Leitterstorf
Institut für Familienunternehmen
WHU – Otto Beisheim School of Management

Danksagung

Für die Unterstützung bei der Konzeption meiner Arbeit sowie für konstruktive Beratungsgespräche möchte ich mich bei meinem Erstkorrektor, Jun.-Prof. Dr. Max Leitterstorf, herzlich bedanken. Meinem Zweitkorrektor, Prof. Dr. Christian Hagist, danke ich für seinen Einsatz bei der Verteilung des Fragebogens. Darüber hinaus möchte ich mich bei der Kanzlei Luther für die Mithilfe als Kooperationspartner bei der Erstellung und der Verteilung des Fragebogens bedanken.

Neben der fachlichen und administrativen Unterstützung möchte ich mich bei allen teilnehmenden Familienunternehmern bedanken. Durch das entgegengebrachte Vertrauen und die geteilten Informationen konnten wertvolle Forschungsergebnisse gewonnen werden. Ich möchte mich ebenfalls bei meinen Interviewpartnern bedanken, die sich Zeit für ausführliche Gespräche genommen haben und als Experten zum Thema Familienunternehmen und die Erbschaftsteuer interessante Erfahrungen aus ihrem Berufsalltag vermitteln konnten.

Abschließend möchte ich meiner Familie danken, die mir das Studium der Betriebswirtschaft an der WHU – Otto Beisheim School of Management ermöglicht hat und mich stets in meinen Vorhaben unterstützt.

Vincent Rodewyk

Inhaltsverzeichnis

Tabellenverzeichnis VII
Abkürzungsverzeichnis IX
1 Einleitung 1
   1.1 Relevanz der Arbeit 1
   1.2 Ziel und Eingrenzung der Arbeit 2
   1.3 Aufbau der Arbeit 2
   1.4 Terminologie 3
2 Die Erbschaftsteuer 5
   2.1 Auswirkungen der Erbschaftsteuer auf die unternehmerische Motivation 6
   2.2 Auswirkungen der Erbschaftsteuer auf den geschäftlichen Erfolg von Familienunternehmen 7
   2.3 Auswirkungen der Erbschaftsteuer auf das Investitionsverhalten von Familienunternehmen 10
   2.4 Auswirkungen der Erbschaftsteuer auf den Nachfolgeprozess von Familienunternehmen 13
   2.5 Gesamtwirtschaftliche Auswirkungen der Erbschaftsteuer im Zusammenhang mit Familienunternehmen 18
3 Die deutsche Erbschaftsteuer 21
   3.1 Die historische Entwicklung der Erbschaftsteuer in Deutschland 22
      3.1.1 Die Erbschaftsteuerreform im Jahre 1974 23
      3.1.2 Die Erbschaftsteuer zwischen 1974 und 1996 27
      3.1.3 Die Erbschaftsteuerreform im Jahre 1997 28
      3.1.4 Die Erbschaftsteuerreform im Jahre 2009 33
   3.2 Die historische Entwicklung der erbschaftsteuerlichen Bewertungsvorschriften 40
      3.2.1 Bewertungsvorschriften nach der Reform von 1974 40
      3.2.2 Wertermittlung nach dem Stuttgarter Verfahren 41
      3.2.3 Bewertungsvorschriften nach der Reform von 2009 45
      3.2.4 Wertermittlung nach dem vereinfachten Ertragswertverfahren 46
   3.3 Die Erbschaftsteuer in der aktuellen Debatte 48
      3.3.1 Der aktuelle Gesetzentwurf 50
      3.3.2 Die Position der Parteien 52
      3.3.3 Die Einigung zur Reform der Erbschaftsteuer 57
4 Empirische Analyse 59
   4.1 Entstehung und Distribution des Fragebogens 59
   4.2 Aufbau des Fragebogens 60
   4.3 Auswertung des Fragebogens 61

	4.3.1 Regressionsanalysen	69
	4.3.1.1 Unternehmensalter	70
	4.3.1.2 Unternehmensgröße	71
	4.3.1.3 Zusammenhalt der Unternehmerfamilie	71
	4.3.1.4 Anpassungsfähigkeit der Unternehmerfamilie	73
	4.3.1.5 Steuerzahlung	75
	4.3.2 Einschränkungen der Forschungsergebnisse	76
5	Experteninterviews	77
6	Zusammenfassung	86
6.1	Zusammenfassung der Ergebnisse	86
6.2	Wissenschaftliche Implikationen	87
6.3	Praktische Implikationen	87
Literaturverzeichnis		88
Anhang		94

Tabellenverzeichnis

Tabelle 3-1: Wertermittlung nach dem vereinfachten Ertragswertverfahren 47

Tabelle 4-1: Informationen der teilnehmenden Familienunternehmen 61

Tabelle 4-2: Zeitliche Einordnung und Zahlung der Erbschaftsteuer 62

Tabelle 4-3: Einschätzungen zur Erbschaftsteuer 65

Tabelle 4-4: Wünschenswerte Gesetzgebung 67

Tabelle 4-5: Regressionen der Einflussvariable *Unternehmensalter* 70

Tabelle 4-6: Regression der Einflussvariable *Unternehmensgröße* 71

Tabelle 4-7: Regressionen der Einflussvariable *Zusammenhalt* 72

Tabelle 4-8: Regressionen der Einflussvariable *Anpassungsfähigkeit* 73

Tabelle 4-9: Regressionen der Einflussvariable *Steuerzahlung* 75

Abkürzungsverzeichnis

BewG	Bewertungsgesetz
BVerfG	Bundesverfassungsgericht
CapEx	Capital Expenditure (Investitionsausgaben)
DCF	Discounted Cash-Flow (abgezinster Zahlungsstrom)
ErbStDV	Erbschaftsteuerdurchführungsverordnung
ErbStG	Erbschaftsteuer- und Schenkungsteuergesetz
ErbStR	Erbschaftsteuerrichtlinien
EStG	Einkommensteuergesetz
GG	Grundgesetz
JStG	Jahressteuergesetz
KMU	Kleine und mittlere Unternehmen
PPE	Property, Plant and Equipment (Sachanlagen)
RoA	Return on Assets (Vermögensrendite)
DNotZ	Deutsche Notar-Zeitschrift

1 Einleitung

1.1 Relevanz der Arbeit

Familienunternehmen stellen ein zentrales Element der deutschen Wirtschaft dar. Nach den Berechnungen des Zentrums für Europäische Wirtschaftsforschung sind 95% der Unternehmen in Deutschland familienkontrollierte Unternehmen. Diese Art von Unternehmen beschäftigt 62% aller Erwerbstätigen in Deutschland und generiert 55% des gesamten Umsatzvolumens (Schröder und Westerheide, 2010). Weitere Publikationen bestätigen den hohen Stellenwert von Familienunternehmen für die deutsche Wirtschaft (Klein, 2004; Picot, 2008).

Gleichzeitig antizipieren Experten in Deutschland einen Anstieg des Erbschafts- und Schenkungsvolumens innerhalb der kommenden Dekade. Dieser Anstieg wird durch die Generation an Erblassern begründet, die während des Wirtschaftswunders in den 1950er und 1960er Jahren erfolgreich ihren Berufseinstieg gestalten und Vermögen aufbauen konnten. In Deutschland werden derzeit jährlich zwischen €200 Mrd. und €300 Mrd. an Vermögenswerten durch Erbschaften und Schenkungen übertragen (Bach und Thiemann, 2016). Betriebsvermögen macht dabei einen signifikanten Anteil des gesamten Übertragungsvolumens aus (Statistisches Bundesamt, 2015).

Aufgrund der wirtschaftlichen Bedeutung von Familienunternehmen in Deutschland und des erwarteten Anstiegs an Erbfällen wird der Erbschaftsteuer, die auf die Übertragung von Betriebsvermögen entfällt, eine besondere Relevanz zuteil. Diese Relevanz wird aufgrund der aktuellen Debatte um eine Reform der Erbschaftsteuer weiter verstärkt. Mit seinem Urteil vom 17. Dezember 2014 hat das Bundesverfassungsgericht das Erbschaftsteuer- und Schenkungsteuergesetz in seiner seit 2009 bestehenden Form als verfassungswidrig bewertet. Im Kern des Urteils stuft das Bundesverfassungsgericht die Verschonungsregelungen für übertragenes Betriebsvermögen im Vergleich zu anderen Vermögensarten als zu weitreichend ein. Um die Verfassungskonformität der neuen Gesetzgebung zu gewährleisten, wird eine zukünftig verringerte Verschonung und damit eine höhere Erbschaftsteuerbelastung für Familienunternehmen erwartet. Aufgrund der zentralen Rolle von Familienunternehmen in der deutschen Wirtschaft besitzen die Erbschaftsteuer, ihre zukünftige Gestaltung sowie mögliche Auswirkungen auf Familienunternehmen folglich eine hohe Relevanz.

1.2 Ziel und Eingrenzung der Arbeit

In dieser Arbeit soll erforscht werden, wie die Erbschaftsteuer das wirtschaftliche Handeln und die Nachfolgeplanung von Familienunternehmen beeinflusst. Um diese zentrale Forschungsfrage zu beantworten, werden die Auswirkungen der Erbschaftsteuer auf die unternehmerische Motivation, den Geschäftserfolg und das Investitionsverhalten von Familienunternehmen untersucht. Darüber hinaus wird in dieser Arbeit analysiert, wie sich die Erbschaftsteuer auf die Motivation der Erbengeneration hinsichtlich der Fortführung des Familienunternehmens auswirkt. Zusätzlich soll ermittelt werden, welche Parameter des Unternehmens und welche Familiencharakteristika den Umgang mit der Erbschaftsteuer bedingen.

Die zentrale Forschungsfrage dieser Arbeit soll mittels einer Literaturrecherche, einer empirischen Analyse sowie durch mehrere Experteninterviews beantwortet werden. Der Forschungsfokus der empirischen Analyse sowie der Experteninterviews liegt dabei auf deutschen Familienunternehmen.

Darüber hinaus soll in dieser Arbeit die historische Entwicklung des deutschen Erbschaftsteuer- und Schenkungsteuergesetzes im Hinblick auf die Übertragung von Betriebsvermögen analysiert werden. So kann ermittelt werden, durch welche Einflussfaktoren die Erbschaftsteuerbelastung für Familienunternehmen entsteht. Zudem soll anhand der historischen Analyse dargestellt werden, welche gesellschaftlichen und juristischen Motive die Entwicklung dieser Gesetzgebung in Deutschland geprägt haben.

Aufgrund des begrenzten Umfangs der Arbeit und der auf diesem Feld bereits existierenden Literatur werden die wirtschaftliche und gesellschaftliche Relevanz sowie die besonderen Merkmale von Familienunternehmen nicht eingehender erforscht. Ein Vergleich von internationalen Erbschaftsteuersystemen steht ebenfalls nicht im Fokus dieser Arbeit.

1.3 Aufbau der Arbeit

Im Anschluss an die Einleitung wird in Abschnitt 2 eine Analyse themenspezifischer Literatur durchgeführt. Durch diese Analyse sollen die bisherigen Erkenntnisse der Wissenschaft zum Thema *Familienunternehmen und die Erbschaftsteuer* zusammengeführt und verglichen werden. Dabei erfolgt die Literaturanalyse entlang unterschiedlicher Kategorien von Auswirkungen der Erbschaftsteuer auf Familienunternehmen, die sowohl geschäftliche als auch familieninterne Aspekte umfassen.

In Abschnitt 3 werden die historische Entwicklung der Erbschaftsteuergesetzgebung in Deutschland sowie relevante Einflussfaktoren erläutert. In diesem Zusammenhang werden ebenfalls die vom Gesetzgeber in der Vergangenheit und aktuell vorgegebenen Bewertungsverfahren veranschaulicht und verglichen. Abschnitt 3 endet mit einem Überblick zur aktuellen Debatte um die Reform der Erbschaftsteuer. Dieser Überblick umfasst eine Erläuterung des Urteils zur Verfassungswidrigkeit, den zukünftigen Gesetzentwurf der Bundesregierung sowie einen Vergleich der Positionen politischer Parteien zur Erbschaftsteuer.

In Abschnitt 4 erfolgt eine empirische Analyse auf der Basis des für diese Arbeit entworfenen Fragebogens. Im ersten Schritt werden die Antworten der Teilnehmer deskriptiv ausgewertet und erörtert. Nachfolgend werden anhand von Regressionen die Zusammenhänge unterschiedlicher Einflussvariablen auf einzelne Zielvariablen untersucht.

In Abschnitt 5 wird das Thema *Familienunternehmen und die Erbschaftsteuer* in fünf Experteninterviews mit Beratern von Familienunternehmen aus den Bereichen Steuerberatung und Vermögensverwaltung diskutiert. Dabei stehen die Einschätzungen der Experten hinsichtlich des aktuellen Umgangs deutscher Familienunternehmen mit der Erbschaftsteuer sowie die möglichen Folgen einer erhöhten Erbschaftsteuerbelastung im Vordergrund. Nachfolgend werden mit den Experten Kritikpunkte der aktuellen und der geplanten Gesetzgebung sowie mögliche alternative Erhebungsformen der Erbschaftsteuer thematisiert.

Die Arbeit endet mit einer Zusammenfassung der gesammelten Erkenntnisse. Auf der Basis dieser Erkenntnisse werden abschließend wissenschaftliche sowie praktische Implikationen entwickelt.

1.4 Terminologie

Der Begriff *Familienunternehmen* wird in der Wissenschaft durch keine einheitliche Definition erklärt. Für die Bezeichnung eines Unternehmens als Familienunternehmen sind jedoch zwei Aspekte von zentraler Bedeutung (Klein, 2004; Picot, 2008; Schröder und Westerheide, 2010). Zum einen ist ein Familienunternehmen als solches zu bezeichnen, wenn die Familie aufgrund ihrer Eigentumsverhältnisse maßgeblichen Einfluss auf das Unternehmen ausüben kann und direkt oder indirekt zentrale Entscheidungen kontrolliert. Zum anderen zeichnet sich ein Familienunternehmen dadurch aus, dass Mitglieder der Eigentümerfamilie eine aktive Rolle in der Unternehmensführung einnehmen.

Diese Arbeit folgt der Definition der Europäischen Kommission (2009), nach der sich Familienunternehmen durch die folgenden vier Merkmale auszeichnen:

1. Die Mehrheit der Stimmrechte befindet sich im Besitz des Unternehmensgründers, seiner Familie oder seiner Nachkommen.
2. Die Mehrheit der Stimmrechte besteht direkt oder indirekt.
3. Mindestens ein Mitglied der Familie ist formal gesehen an der Führung des Unternehmens beteiligt.
4. Börsennotierte Unternehmen werden als Familienunternehmen bezeichnet, wenn der Gründer, seine Familie oder seine Nachkommen aufgrund ihres Aktienkapitals 25% Stimmrechte im Unternehmen besitzen.

Ein Unternehmen wird ebenfalls als Familienunternehmen bezeichnet, wenn es vom Gründer an einen neuen Besitzer verkauft wird und dieser seinerseits die vier angeführten Merkmale erfüllt. Darüber hinaus umfasst die Definition auch Unternehmen, die noch keinen Generationenwechsel innerhalb der Familie vollzogen haben sowie Einzelunternehmer, solange eine übertragbare Rechtseinheit besteht (Europäische Kommission, 2009).

2 Die Erbschaftsteuer

Nach der Ansicht von Mastromarco (1992) wird die Erbschaftsteuer von einem Teil der Politiker eines Landes stets als einfache und gerechte Möglichkeit angesehen, die Steuereinnahmen zu erhöhen. Diese Annahme beruht auf dem Schluss, dass der Erblasser nach seinem Ableben durch die zu zahlenden Steuern nicht beeinträchtigt wird und der Erbe das nach dem Abzug der Steuer verbleibende Vermögen dankend annehmen sollte, da er dieses nicht eigenhändig verdient hat. Darüber hinaus wird die Erbschaftsteuer häufig als probates Mittel angesehen, um die gleichmäßigere Verteilung von Wohlstand durch eine verbesserte Chancengleichheit zu erreichen und die Konzentration von Vermögen innerhalb einzelner Gesellschaftsschichten zu verringern (Wagner, 1996).

Für Familienunternehmer stellt die Erbschaftsteuer, je nach Höhe der Belastung, jedoch eine vielschichtige Gefahr für den Fortbestand ihres Unternehmens dar. Anders als bei vererbtem Barvermögen, Wertpapieren oder anderen liquiden Vermögensarten führt der vornehmlich illiquide Charakter des im Familienunternehmen gebundenen Vermögen dazu, dass die Begleichung der Erbschaftsteuer das verbleibende Vermögen nachhaltig verändern und schädigen kann. Bei vererbtem Barvermögen oder anderen ähnlich liquiden Vermögensarten wird vereinfacht betrachtet zur Begleichung der Erbschaftsteuer ein dem individuellen Steuersatz entsprechender Teil abgezogen. Der Rest des Vermögens verbleibt, zwar in der Größe gemindert, jedoch im Charakter unverändert. Familienunternehmer sind dagegen bei einer Übertragung, sofern kein ausreichendes Privatvermögen oder liquide Mittel im Unternehmen vorhanden sind, dazu gezwungen, Teile oder auch das gesamte Unternehmen zu veräußern (Olbrich, 2005; De Massis, Chua und Chrisman, 2008; Haug, Hölscher und Vollans, 2009). Geht man davon aus, dass ein Geschäftsbereich zur Begleichung der Erbschaftsteuer verkauft wird, so wird das übertragene Vermögen nicht nur in seiner Größe gemindert, sondern auch nachhaltig im Charakter verändert. Jedoch lässt sich nicht immer ein einzelner Geschäftsbereich zur Begleichung der Erbschaftsteuer aus dem Unternehmen herauslösen. In diesem Fall kann die Erbschaftsteuer für die Unternehmerfamilie den Verkauf des gesamten Unternehmen erforderlich machen und damit den Fortbestand über mehrere Generationen gefährden (Mastromarco, 1992).

Die besonderen Charakteristika von Familienunternehmen machen es unabdingbar, dass der Gesetzgeber seine Entscheidungen zur Gestaltung der Erbschaftsteuer wohlüberlegt und unter

Abwägung der möglichen Effekte auf diese Art von Unternehmen trifft. Neben den direkten Effekten auf Unternehmerfamilien sind indirekte Effekte der Erbschaftsteuer ebenfalls von großer Bedeutung. In diesem Zusammenhang stehen die volkswirtschaftlichen Aspekte der durch die Erbschaftsteuer generierten Einnahmen des Staates den möglichen Einbußen durch gescheiterte Familienunternehmen im Vordergrund. Nachfolgend sollen unterschiedliche Erkenntnisse der Wissenschaft zu den Auswirkungen der Erbschaftsteuer auf das wirtschaftliche Handeln und die Nachfolgeplanung von Familienunternehmen analysiert werden.

2.1 Auswirkungen der Erbschaftsteuer auf die unternehmerische Motivation

Foster und Fleenor (1996) untersuchen in ihrer Arbeit den negativen Anreiz der Erbschaftsteuer auf unternehmerisches Handeln und insbesondere auf Familienunternehmen. Nach Ansicht von Foster und Fleenor (1996) führt ein hoher Erbschaftsteuersatz dazu, dass Individuen weniger stark motiviert sind, über die Dauer ihres Lebens zu sparen und durch unternehmerisches Handeln Vermögen aufzubauen. Um den Effekt der Erbschaftsteuer zu untersuchen werden zwei Szenarien entwickelt. In Szenario 1 wird das unternehmerische Handeln und der resultierende Aufbau von Vermögen über die Lebensdauer eines Individuums im Kontext der geltenden Einkommen-, Körperschaft- und Erbschaftsteuer betrachtet. In Szenario 2 wird die Erbschaftsteuer aufgehoben. Die Sätze von Einkommen- und Körperschaftsteuer werden dagegen so weit angehoben, bis der Nachlass des Individuums an seinem Lebensende die gleich Größe besitzt wie in Szenario 1. Da das Resultat beider Szenarien identisch ist, folgt das Experiment der Annahme, dass auch der Effekt auf die Motivation des Individuums über seine Lebensdauer zu arbeiten, zu sparen und so ein Vermögen aufzubauen, identisch ist. Dabei berücksichtigen beide Szenarien das persönliche Einkommen nach Steuern, den persönlichen Konsum, den Aufbau und die Verzinsung von Privatvermögen sowie die Wertentwicklung des Unternehmens. Alle Parameter werden über die Lebensdauer des Individuums sowohl während der Zeit als aktiver Unternehmer als auch im Ruhestand betrachtet. Foster und Fleenor (1996) ermitteln mit einem Einkommensteuersatz von 37% und einem Körperschaftsteuersatz von 35% zum Todeszeitpunkt des Individuums nach 76 Jahren ein Gesamtvermögen von $5.752.906. Nach Abzug der Erbschaftsteuer mit 45,4% verbleibt ein Nachlass von $3.147.087. Ohne die Erbschaftsteuer müsste der Einkommensteuersatz 67% und der Körperschaftsteuersatz 67,6% über die Lebensdauer des Individuums betragen, um einen Nachlass von ebenfalls $3.147.087 zu hinterlassen.

Auch wenn die Erbschaftsteuer das Vermögen eines Individuums erst am Lebensende verringert, gehen Foster und Fleenor (1996) davon aus, dass die Höhe dieser Steuer die Bereitschaft zum unternehmerischen Handeln und zum Sparen bereits zu Lebzeiten maßgeblich beeinflusst. Ausgehend von den vorgestellten Szenarien hat die Existenz der Erbschaftsteuer den gleichen Effekt auf die unternehmerische Motivation, wie eine beinahe Verdopplung von Einkommen- und Körperschaftsteuersätzen verbunden mit einem Wegfall der Erbschaftsteuer (Foster und Fleenor, 1996).

Chapman, Hariharan und Southwick (1996) unterstützen die Ansicht von Foster und Fleenor (1996), dass höhere Erbschaftsteuersätze zu einer verringerten Vermögensbildung aufgrund von niedrigeren Sparanreizen führen. Sie basieren ihre Aussage auf einen Vergleich der Steuersätze und -einnahmen der Erbschaftsteuer in den USA vor 1977, von 1977-1984 und nach 1984. In Folge der erhöhten Erbschaftsteuersätze zwischen 1977 und 1984 kam es in den USA zu einer verringerten Vermögensbildung. Trotz der erhöhten Steuersätze waren die Einnahmen durch die Erbschaftsteuer in diesem Zeitraum niedriger als vor 1977 und nach 1984, als niedrigere Erbschaftsteuersätze galten beziehungsweise wieder eingeführt wurden (Chapman, Hariharan und Southwick, 1996).

Wagner (1996) verdeutlicht mit einem ähnlichen Modell wie Foster und Fleenor (1996), dass die Erbschaftsteuer die Motivation von Individuen, durch unternehmerisches Handeln Vermögen aufzubauen und zu erhalten, verringert. Besonders für Familienunternehmer schätzt Wagner (1996) diesen Effekt als signifikant ein, da ein Teil der unternehmerischen Motivation häufig aus dem Wunsch entsteht, der nachfolgenden Generation einen erfolgreichen Betrieb zur Fortführung zu hinterlassen. Yakolev und Davies (2014) stimmen dieser Ansicht zu, da durch die Erbschaftsteuer der Wert von Vermögen bei Übertragungen zwischen den Generationen gemindert wird.

2.2 Auswirkungen der Erbschaftsteuer auf den geschäftlichen Erfolg von Familienunternehmen

File und Prince (1996) erforschen in ihrer Arbeit auf der Basis von 749 gescheiterten Familienunternehmen, welche Faktoren für den Misserfolg nach der Übernahme durch den Erben maßgeblich waren. Ein besonderer Fokus liegt dabei auf der Nachfolgeplanung. Dabei unterscheiden File und Prince (1996) in der Nachfolgeplanung zwischen der Übertragung der Unternehmensführung auf den Erben und der Übertragung von Unternehmensanteilen, welche auch

Überlegungen zur Erbschaftsteuer beinhaltet. Im Ergebnis wird deutlich, dass vor allem mit der Übertragung von Unternehmensanteilen verbundene Schwierigkeiten von den Erben als Ursache für das Scheitern angesehen werden. Die Relevanz eines Faktors für das Scheitern wird dabei auf einer Skala von 1-10 (1: keine Relevanz, 10: hohe Relevanz für das Scheitern) von den Erben bewertet.

Obwohl 75,9% der Unternehmen einen Plan zur Übertragung der Anteile ausgearbeitet hatten, wird die mangelnde Angemessenheit dieser Pläne von den Erben als wichtigster Grund (Skalenwert: 9,64) für das Scheitern angesehen. Weitere mit der Übertragung von Unternehmensanteilen und der Erbschaftsteuer zusammenhängende Faktoren werden ebenfalls als sehr relevant für das Scheitern nach der Übernahme angesehen. Darunter finden sich die mangelhafte Vorbereitung des Übertragungsprozesses durch den Gründer (Skalenwert: 9,49), die Beschaffung von Kapital zur Begleichung der Erbschaftsteuer (Skalenwert: 9,38) und die mangelhafte Leistung der Finanz- und Steuerberater des Gründers (Skalenwert: 8,85). Zwei weitere identifizierte Faktoren können darüber hinaus indirekt mit den Nachwirkungen der finanziellen Belastung durch die Erbschaftsteuer in Verbindung gebracht werden: Unzureichende Kapitalreserven, um das Unternehmen zu führen (Skalenwert: 7,89) und Unvermögen, benötigtes Kapital aufzubringen (Skalenwert: 7,29).

Nach der Ansicht von File und Prince (1996) ist es besonders interessant, dass die Übertragung von Unternehmensanteilen sowie die damit verbundene Erbschaftsteuer als die relevantesten Faktoren für das Scheitern der Nachfolge angesehen werden. Diese Beobachtung steht entgegen der in der Wissenschaft häufig verbreiteten Auffassung, dass Probleme mit anderen Familienmitgliedern und Mitarbeitern oder die fehlende Führungskompetenz von den Erben als die wichtigsten Faktoren für das Scheitern angesehen werden (File und Prince, 1996).

Um die negativen Auswirkungen der Übertragung von Anteilen in Familienunternehmen sowie der resultierenden Erbschaftsteuerbelastung zu verdeutlichen, ist es erwähnenswert, dass es sich bei den 749 gescheiterten Fällen vor dem Zeitpunkt der Übertragung vornehmlich um erfolgreiche Unternehmen handelte. Von den betreffenden Unternehmen besaßen 90,1% in den fünf Jahren vor der Übertragung ein durchschnittliches jährliches Wachstum von ≥5%. 56,4% der Unternehmen besaßen sogar ein durchschnittliches jährliches Wachstum von ≥10%. Die negativen Auswirkungen der Übertragung auf die Beschäftigung werden ebenfalls deutlich. 92,8% der befragten Unternehmen beschäftigten vor der Übertragung mehr als 50 Mitarbeiter. Als Reaktion auf die nach der Übertragung auftretenden finanziellen Schwierigkeiten mussten

309 der befragten Unternehmen (41,3%) mehr als 75% der vor der Übertragung beschäftigten Mitarbeiter entlassen (File und Prince, 1996).

Während die Studie von File und Prince (1996) vergangenheitsgerichtet die Relevanz der Erbschaftsteuer für das Scheitern von Familienunternehmen beschreibt, erforschen Astrachan und Tutterow (1996) auf Basis der Ergebnisse ihrer Umfrage mit 983 gewerteten Teilnehmern, wie Familienunternehmer die Auswirkungen der Erbschaftsteuer in die Zukunft gerichtet einschätzen. So geben 61% der befragten Unternehmer an, dass die Erbschaftsteuer das Wachstum ihrer Firma beschränken wird. 13% gehen sogar davon aus, dass durch die Erbschaftsteuer bedingt keinerlei Wachstum möglich sein wird. Bezogen auf den Fortbestand des Unternehmens gehen 64% davon aus, dass die Erbschaftsteuer eine Bedrohung darstellt. Jedoch gehen nur 8% der Teilnehmer davon aus, dass aufgrund der Erbschaftsteuer ein Fortbestand des Unternehmens vollkommen ausgeschlossen ist. Darüber hinaus antizipieren 33% der Unternehmer, dass ihre Nachkommen zur Begleichung der Erbschaftsteuer Teile oder auch das ganze Unternehmen verkaufen müssen.

Obwohl die Erkenntnisse von Astrachan und Tutterow (1996) bereits negative Erwartungen der Familienunternehmer hinsichtlich der Erbschaftsteuer widerspiegeln, scheinen die tatsächlichen Auswirkungen der Erbschaftsteuer auf Familienunternehmen nach den Erkenntnissen von File und Prince (1996) noch gravierender zu sein. Einen möglichen Grund für die Differenz zwischen den Erwartungen der Unternehmer und dem tatsächlichen Ausmaß der finanziellen Belastung durch die Erbschaftsteuer lassen die Ergebnisse von Astrachan und Tutterow (1996) jedoch bereits erkennen. Demnach gaben 45% der Unternehmer an, keine Kenntnis über die Höhe der im Erbfall zu zahlenden Steuerschuld zu haben. An dieser Stelle kann vermutet werden, dass die ausgedrückte Unkenntnis die beobachtete Differenz zwischen Erwartung und Realität teilweise erklärt. Darüber hinaus ist es wahrscheinlich, dass die Unkenntnis bezogen auf die Erbschaftsteuer die finanzielle Lage der Familienunternehmen verschärft, da mögliche vorbeugende Maßnahmen nicht getroffen werden und die finanzielle Belastung folglich unvermittelt sowie unvorbereitet eintritt.

Nach der Ansicht von Apolinsky (1996) kann Familienunternehmern jedoch kaum die Schuld für die ausgedrückte Unkenntnis gegeben werden. In den USA gab es nach Apolinskys (1996) Recherche alleine zwischen 1981 und 1994 elf umfassendere Steuerreformen mit insgesamt 9.455 Anpassungen einzelner Steuerregelungen. Daher ist es vor allem für kleinere Familienunternehmen ohne eine eigene Rechtsabteilung oder größere Beraterbudgets schwierig, einzelne Änderungen in der Gesetzgebung zu verfolgen und auf diese mit entsprechenden Maßnahmen zu reagieren. Diese Vermutung unterstützen die Erkenntnisse von Astrachan und Tutterow (1996). Unter den Unternehmen mit einem Marktwert von weniger als $5 Mio. drücken 50% Unkenntnis über die Höhe der möglichen Erbschaftsteuerlast aus. Bei den befragten Unternehmen mit einem Marktwert zwischen $5 Mio. und $10 Mio. beträgt dieser Wert 45%. Bei den Unternehmen der größten Kategorie (Unternehmenswert größer als $10 Mio.) sinkt der Wert auf 31%. Es kann vermutet werden, dass komplexe Gesetzesmodelle und häufige Reformen auch für Familienunternehmen in Deutschland mit Hinblick auf die Erbschaftsteuer ein Hindernis darstellen. Die in einem späteren Textteil folgende historische Betrachtung der Erbschaftsteuer in Deutschland wird diese Vermutung aufgrund der beobachteten häufigen Anpassungen unterstützen.

2.3 Auswirkungen der Erbschaftsteuer auf das Investitionsverhalten von Familienunternehmen

Saposnik, Tompkins und Tutterow (1996) untersuchen anhand einer Firmensimulation die Auswirkungen der Erbschaftsteuer auf das Investitionsverhalten von Familienunternehmen. Nach den Grundlagen der Finanztheorie schaffen Unternehmen Wert, in dem sie in Projekte mit einem positiven Kapitalwert investieren. Nach der Ansicht von Saposnik, Tompkins und Tutterow (1996) führt die Erbschaftsteuer jedoch dazu, dass Familienunternehmen verfügbare Projekte mit einem positiven Kapitalwert nicht verfolgen und somit Möglichkeiten zur Wertschöpfung auslassen. Dies wird dadurch begründet, dass Familienunternehmen zur Deckung einer möglichen Erbschaftsteuerlast zusätzliche liquide Mittel halten, da im Erbfall sonst ein anteiliger oder auch vollständiger Verkauf des Unternehmens notwendig wäre. Ein solcher Verkauf wäre jedoch mit zusätzlichen Kosten verbunden. Einerseits ist es wahrscheinlich, dass bei einem Notverkauf nicht der tatsächliche Wert des Unternehmens erreicht würde. Andererseits ergeben sich zusätzliche emotionale Kosten, da der Unternehmer den Erhalt der Firma in der Familie einem Verkauf vorzieht. Mit einem steigenden Erbschaftsteuersatz sinkt dementsprechend die Bereitschaft des Unternehmers in Projekte mit einem positiven Kapitalwert zu investieren. Darüber hinaus sinkt die Investitionsbereitschaft mit zunehmendem Alter des Unternehmers, da die Wahrscheinlichkeit des Erbfalls steigt. Um die drohenden zusätzlichen Kosten einer Zwangsliquidation zu verhindern, müssen somit mehr zusätzliche liquide Mittel im Unternehmen gehalten werden (Saposnik, Tompkins und Tutterow, 1996).

Mit einem im Vergleich zu Saposnik, Tompkins und Tutterow (1996) abgewandelten Modell zeigen Ellul, Pagano und Panunzi (2010) ebenfalls auf, dass die Existenz der Erbschaftsteuer das Investitionsverhalten von Familienunternehmen negativ beeinflusst. Auf der Basis ihres Modells stellen sie darüber hinaus dar, wie die Erbschaftsteuer das Investitionsvolumen von Familienunternehmen im Vergleich zu Publikumsgesellschaften verringert, die nicht durch einen Nachfolgeprozess und die entsprechende Übertragung von Anteilen beeinflusst werden. In einer nachfolgenden empirischen Analyse wird dieser im Modell aufgezeigte Unterschied bestätigt, jedoch lediglich mit einer niedrigen Signifikanz (Ellul, Pagano und Panunzi, 2010).

Nicht zu vernachlässigen sind in diesem Zusammenhang die negativen Auswirkungen auf die Gesellschaft. Durch die nicht verfolgten Investitionsprojekte verringert sich das gesamtwirtschaftliche Wachstum, da mögliche Arbeitsplätze nicht geschaffen und bessere Produkte und Dienstleistungen nicht entwickelt werden (Saposnik, Tompkins und Tutterow, 1996).

Die auf Modellen basierenden Erkenntnisse von Saposnik, Tompkins und Tutterow (1996) sowie von Ellul, Pagano und Panunzi (2010) zum Investitionsverhalten von Familienunternehmen unter dem Einfluss der Erbschaftsteuer bestätigen Astrachan und Tutterow (1996) durch die Ergebnisse ihrer Umfrage unter 983 Familienunternehmen. Astrachan und Tutterow (1996) vermuten, dass sich durch die Erbschaftsteuer die Bereitschaft von Familienunternehmern verringert, in Projekte zu investieren, die Kapital über einen längeren Zeitraum binden. Tatsächlich geben 36% der befragten Unternehmer an, dass sich durch die Erbschaftsteuer ihre bevorzugte Laufzeit eines Investments verkürzt. Darüber hinaus vermuten Astrachan und Tutterow (1996), dass in Anbetracht der mit der Erbschaftsteuer verbundenen finanziellen Belastung die Risikoaffinität der befragten Unternehmer sinkt. In der Tat geben 68% Unternehmer an, dass sich durch die Erbschaftsteuer ihre Risikobereitschaft für eine potentielle Investition verringert.

Yakolev und Davies (2014) stellen fest, dass insbesondere die Besitzer kleinerer Familienunternehmen von Investitionen absehen könnten, wenn durch die mit der Investition einhergehende Wertsteigerung des Unternehmens eine Freibetragsgrenze überschritten wird. Ein solcher negativer Einfluss auf die Investitionsbereitschaft von Familienunternehmen ist daher besonders bei Gesetzgebungen zu erwarten, die einen sprunghaften Anstieg der Erbschaftsteuer beim Überschreiten von Wertgrenzen nicht verhindern.

Tsoutsoura (2015) erforscht in ihrer Arbeit anhand einer empirischen Analyse griechischer Familienunternehmen, wie sich eine deutliche Senkung der Erbschaftsteuersätze auf das

Investitionsverhalten von Familienunternehmen auswirkt. Die Analyse erfolgt ausgehend von einer Gesetzesreform im Jahr 2002, welche den Erbschaftsteuersatz für Übertragungen von Unternehmen von pauschal 20% auf 1,2% für Verwandte ersten Grades beziehungsweise auf 2,4% für Verwandte zweiten Grades absenkte.

Vor der Reform sind die Auswirkungen der Erbschaftsteuer auf das Investitionsverhalten von familienintern übertragenen Unternehmen deutlich sichtbar. In den drei Jahren vor der Übertragung liegt die durchschnittliche Investitionsquote (*CapEx/PPE*) der Familienunternehmen bei 17,6%. Im Jahr der Übertragung fällt die Investitionsquote deutlich ab und beträgt durchschnittlich nur noch 7,5%. Im Anschluss steigt die Investitionsquote nur langsam wieder an und beträgt in den zwei Jahren nach der Übertragung durchschnittlich 9,7%. Bei Familienunternehmen, die an einen externen Eigner verkauft werden, lässt sich dagegen kein signifikanter Einfluss der Übertragung auf das Investitionsverhalten feststellen. Nachdem durch die Reform die Erbschaftsteuer praktisch aufgehoben wird, gleicht sich das Investitionsverhalten von familienintern übertragenen Unternehmen dem von verkauften Unternehmen an. Somit wird deutlich, dass familienintern übertragene Unternehmen durch die Erbschaftsteuer ihre Investitionsquote über mehrere Jahre deutlichen senken müssen. Darüber verlieren sie an Wettbewerbsfähigkeit gegenüber Familienunternehmen, die an externe Eigner verkauft werden und ihre Investitionsquote somit konstant halten können. Unter dem Einfluss der Erbschaftsteuer bedingt dies auch ein vergleichsweise niedrigeres Umsatzwachstum der familienintern übertragenen Unternehmen nach der Übertragung (Tsoutsoura, 2015).

Die Auswirkungen der Erbschaftsteuer auf die Investitionskraft von familienintern übertragenen Unternehmen gegenüber extern verkauften Familienunternehmen werden in der Analyse der Liquiditätsquote (*cash/assets*) ebenfalls deutlich. Vor der deutlichen Senkung der Erbschaftsteuersätze durch die Reform von 2002 beträgt die Liquiditätsquote von familienintern übertragenen Unternehmen innerhalb der drei Jahre vor der Übertragung durchschnittlich 18,4%. Im Jahr der Übertragung fällt die Liquiditätsquote auf knapp über 10% bevor sie in den zwei darauffolgenden Jahren wieder langsam auf durchschnittlich 12,2% ansteigt. Extern verkaufte Familienunternehmen weisen, wie bereits bei der Investitionsquote, keine signifikante Veränderung der Liquiditätsquote im Rahmen der Übertragung auf. Mit der deutlichen Reduzierung der Erbschaftsteuer nach der Reform von 2002 gleicht sich die Liquiditätsquote von familienintern übertragenen Unternehmen der Liquiditätsquote von extern verkauften Familienunternehmen an und zeigt ebenfalls keine signifikante Veränderung in den Jahren nach der Übertragung. Die Analyse der Liquiditätsquote verdeutlicht, dass familieninterne Unternehmensnachfolger zur Begleichung der Erbschaftsteuer die Liquiditätsreserven des Unternehmens deutlich verringern müssen und diese in den darauffolgenden Jahren nur langsam wieder steigern können. So fehlen durch die Erbschaftsteuer bedingt in den Jahren nach der Übertragung nicht nur liquide Mittel für notwendige Investitionen. Durch die niedrige Liquiditätsquote werden die familienintern übertragene Unternehmen auch anfälliger für konjunkturelle Schwankungen und laufen daher Gefahr, bei einer länger anhaltenden Marktschwäche aufgrund fehlender finanzieller Reserven zahlungsunfähig zu werden (Tsoutsoura, 2015).

2.4 Auswirkungen der Erbschaftsteuer auf den Nachfolgeprozess von Familienunternehmen

Bjuggren und Sund (2001) untersuchen in ihrer Arbeit, wie das Rechtssystem und insbesondere die Erbschaftsteuer den Nachfolgeprozess eines Familienunternehmens beeinflussen können. Der optimale Zeitpunkt für die Nachfolge in einem Familienunternehmen entsteht, ausgehend von nicht existierenden Transaktionskosten, wenn die unternehmerische Fähigkeit und Produktivität des Eigners unter das Niveau seines Nachkommen fällt. In der Regel entsteht dieser Zeitpunkt bereits deutlich vor dem Ableben des Eigners (Bjuggren und Sund, 2001). Durch Transaktionskosten wie die Erbschaftsteuer kann dieser optimale Zeitpunkt verpasst werden, da neben den maßgeblichen Fragen nach der Qualifikation und Motivation des Nachkommen nun auch steuerliche Aspekte berücksichtigt werden müssen. Diese zusätzliche Komplexität kann zu zwei schädlichen Szenarien führen: Einerseits kann die mit der Erbschaftsteuer verbundene finanzielle Belastung und Komplexität abschreckend wirken und dazu führen, dass der Eigner die Nachfolgeplanung hinauszögert. So treten die finanzielle Belastung und die Herausforderungen der Nachfolge unvermittelt mit dem Zeitpunkt des Ablebens ein. Andererseits kann die Erbschaftsteuer auch bei einer Übertragung zu Lebzeiten negative Auswirkungen auf den Nachfolgeprozess haben. Verschiebt der Eigner beispielsweise die Nachfolge hinter den vorab beschriebenen optimalen Zeitpunkt, da er zeitlich begrenzte Freibeträge zur Übertragung durch eine Schenkung weiter ausnutzen möchte oder auf eine unternehmerfreundlichere Gesetzgebung hofft, beeinflusst dies den Nachkommen. Der Nachkomme kann mit der Unsicherheit über den Zeitpunkt der Nachfolge nur begrenzt planen. Baut er sich zur Überbrückung ein eigenes Unternehmen auf oder verfolgt er einen anderen Karriereweg, so ist der Nachkomme möglicherweise zum verspäteten Zeitpunkt der Übertragung nicht mehr bereit, die Nachfolge des Eigners anzutreten. Bjuggren und Sund (2001) plädieren daher dafür, den Nachfolgeprozess nicht durch steuerliche Hindernisse zu erschweren, sondern eine Übertragung zum optimalen Zeitpunkt durch möglichst niedrige Transaktionskosten zu ermöglichen.

Neben dem beschriebenen Einfluss der Erbschaftsteuer auf den Zeitpunkt der Nachfolge ist die gesteigerte emotionale Belastung der Familienmitglieder durch die Erbschaftsteuer während des Nachfolgeprozesses ebenfalls zu beachten. Während der Nachfolgeprozess isoliert betrachtet bereits eine große Herausforderung für die Familie darstellt, ergeben sich durch die Erbschaftsteuer zusätzliche Konfliktpotentiale (Bjuggren und Sund, 2005). Nur in Einzelfällen und bei entsprechender fachlicher Expertise ist die Familie selbstständig in der Lage, die jeweilige Gesetzgebung vollumfänglich zu durchdringen und eigene Modelle zur Übertragung zu entwickeln. In der Regel greift die Familie daher zur Planung der Unternehmensübertragung auf externe Berater zurück. Bereits die Wahl des Beraters stellt eine zusätzliche Belastung im Nachfolgeprozess dar, da sie maßgeblich über Verlauf und Ergebnis der Nachfolge entscheiden kann. Darüber hinaus begibt sich die Familie durch die Einbeziehung des Beraters in ein Abhängigkeitsverhältnis, da sie die Kompetenz des Beraters ex ante nicht vollständig beurteilen kann. Gleichzeitig können Spannungen zwischen den Familienmitgliedern entstehen, wenn die Wahl des Beraters nicht von allen involvierten Parteien als neutral angesehen wird und somit der Verdacht der Voreingenommenheit aufkommt (Bjuggren und Sund, 2005).

Der eigentliche Beratungsprozess stellt aufgrund seines zeitlichen Umfangs und den verbundenen Kosten eine zusätzliche Belastung für die Familie dar. Die teilnehmenden Familienunternehmer der Umfrage von Astrachan und Tutterow (1996) gaben im Durchschnitt $33.137 für Beratungsleistungen verbunden mit der Erbschaftsteuer aus. Bei den Unternehmen der größten Kategorie (Unternehmenswert größer als $10 Mio.) betrug dieser Wert sogar $69.229. Dabei hängt der finanzielle Aufwand verbunden mit den Beratungsleistungen nicht nur von der Größe, sondern auch maßgeblich von der Komplexität der Gesetzgebung eines Landes ab. Bjuggren und Sund (2005) vermuten, dass die Beratungskosten für einen umfassenderen Nachfolgeplan von schwedischen KMUs zwischen $50.000 und $500.000 liegen. Der Planungszeitraum zur Klärung der rechtlichen Rahmenbedingungen wird auf drei bis fünf Jahre geschätzt. Dabei muss die Familie stets befürchten, dass Gesetzesänderungen oder neue Familienverhältnisse den bisherigen finanziellen und zeitlichen Aufwand ergebnislos machen (Bjuggren und Sund, 2005).

Für den Fall, dass ein Familienunternehmen die bevorstehende Erbschaftsteuer nicht aus den vorhandenen liquiden Mitteln bezahlen kann und auch eine Stundung der Zahlungen keine unternehmerische Perspektive ermöglicht, stellt ein Verkauf das vorzeitige Ende des

Nachfolgeprozesses dar. Auf der Basis von Experteninterviews mit spezialisierten Steuerberatern von Familienunternehmen ermitteln Haug, Hölscher und Vollans (2009), dass die erbschaftsteuerliche Liquiditätsbelastung maßgeblich den unternehmerischen Erfolg im Anschluss an den Nachfolgeprozess beeinflusst. Je höher die relative Liquiditätsbelastung aufgrund der Erbschaftsteuer ausfällt, desto wahrscheinlicher folgt eine Unternehmsaufgabe zeitnah auf den Nachfolgeprozess. Dieser Zusammenhang bedingt auch die Berücksichtigung eines Verkaufs an externe Eigner als Alternative zur familieninternen Nachfolge. Die Mehrheit der interviewten Experten bestätigen, dass eine drohende Liquiditätsbelastung durch die Erbschaftsteuer während ihrer beruflichen Laufbahn bereits zum Verkauf eines Familienunternehmens an einen externen Eigner anstelle einer internen Nachfolge geführt hat. Die Wahrscheinlichkeit eines vorzeitigen Verkaufs steigt nach Ansicht der Experten mit dem Grad der Erbschaftsteuerbelastung für Familienunternehmen (Haug, Hölscher und Vollans, 2009).

Tsoutsoura (2015) bestätigt diese Ansicht anhand ihrer empirischen Analyse von griechischen Familienunternehmen im Zusammenhang mit der Erbschaftsteuerreform von 2002. Im Zeitraum vor der Reform zwischen 1999 und 2001 wurden durchschnittlich 45,2% aller Familienunternehmen innerhalb der Familie übertragen. Durch die Reform wurde der Erbschaftsteuersatz für Übertragungen von Unternehmen von pauschal 20% auf 1,2% für Verwandte ersten Grades beziehungsweise auf 2,4% für Verwandte zweiten Grades gesenkt. Der Anteil an familieninternen Nachfolgen gegenüber Verkäufen an Externe stieg daraufhin im Zeitraum zwischen 2003 und 2005 auf 73,9%. Im Vergleich zum Wert vor der Reform entspricht das einer Steigerung an familieninternen Nachfolgen von 63,4%.

Dabei ist nicht davon auszugehen, dass Übertragungen vor der Reform hinausgezögert wurden. Die Gesetzesänderung trat nach der Einschätzung von Steuerbeamten für die Unternehmer überraschend ein und wurde daher nicht antizipiert. Ebenfalls ist es unwahrscheinlich, dass nach der Reform vorgezogene Nachfolgen in der Befürchtung einer zeitlich begrenzten Steuererleichterung veranlasst wurden. Diese Annahme bekräftigt die Tatsache, dass in Griechenland zwischen 1999 und 2001 insgesamt 305 und nach der Reform zwischen 2003 und 2005 insgesamt 307 Unternehmensübertragungen beobachtet wurden. Die absolute Anzahl der Übertragungen scheint also natürlich bedingt und nicht von der Reform beeinflusst zu sein (Tsoutsoura, 2015).

Brunetti (2006) untersucht anhand von empirischen Daten ebenfalls die Auswirkung der Erbschaftsteuer auf den Verkauf von Unternehmen. Brunetti (2006) stellt auf der Basis von 312 Vermögensübertragungen zwischen 1980 und 1982 fest, dass mit einer Senkung der

Erbschaftsteuerbelastung, ceteris paribus, eine signifikante Verringerung der Unternehmensverkäufe einhergeht. Dabei besteht nach seinen Erkenntnissen keine erkennbare Variation dieses Zusammenhangs in Abhängigkeit von der Unternehmensgröße.

Yakolev und Davies (2014) erforschen wie Brunetti (2006) die Auswirkungen der Erbschaftsteuer auf die Anzahl und die Fortführung von Unternehmen. Als Basis für die empirischen Untersuchungen dient die durchschnittliche Erbschaftsteuerbelastung pro Verstorbenem in 50 Bundestaaten der USA zwischen 1988 und 2006. Im Ergebnis stellen Yakolev und Davies (2014) einen signifikanten negativen Zusammenhang zwischen der durchschnittlichen Erbschaftsteuerbelastung pro Verstorbenem und der Anzahl an Firmen in den USA fest.

Im Gegensatz zu Brunetti (2006) ermitteln Yakolev und Davies (2014), dass vor allem die Fortführung von kleineren Firmen unter einem Anstieg der Erbschaftsteuerbelastung leidet. Diese Erkenntnis wird durch den von Holtz-Eakin, Joulfaian und Rosen (1994) identifizierten asymmetrischen Liquiditätseffekt erklärt. Demnach besteht eine signifikante positive Beziehung zwischen der Größe der Erbschaft und der Wahrscheinlichkeit, dass das vererbte Unternehmen fortgeführt wird. Dabei fungiert die Größe der Erbschaft als Gradmesser für die Fähigkeit des Erben, die Erbschaftsteuer zu begleichen, ohne das vererbte Unternehmen verkaufen zu müssen. Dieser Zusammenhang wird dadurch begründet, dass kleinere Unternehmen regelmäßig einen schlechteren Zugang zu Kapitalmärkten haben. Es fällt ihnen daher schwerer, das notwendige externe Kapital aufzubringen, welches benötigt wird, um die Begleichung der Erbschaftsteuer ohne einen Unternehmensverkauf zu ermöglichen.

Darüber hinaus werden Anteile von kleinen Unternehmen seltener öffentlich gehandelt und sind folglich weniger liquide als die Anteile von größeren Unternehmen. Ein Teilverkauf von Unternehmensanteilen zur Begleichung der Erbschaftsteuer an einen externen Investor ist daher deutlich zeitaufwendiger und erzielt häufig nicht den tatsächlichen Marktwert. Anstelle von Anteilen muss der Erbe eines kleinen Unternehmens daher Betriebsmittel verkaufen, wodurch die zukünftige Geschäftstätigkeit beeinträchtigt wird. Der Erbe eines großen Unternehmens kann dagegen einfacher Unternehmensanteile durch Aktien verkaufen, ohne die tatsächliche Geschäftstätigkeit zu beeinträchtigen. Auch bei nicht börsennotierten großen Unternehmen kann ein Teilverkauf einfacher sein als bei kleineren Unternehmen. Dies ist der Fall, wenn das große Unternehmen über mehrere voneinander unabhängige Geschäftsbereiche verfügt. Ein einzelner Geschäftsbereich kann zur Begleichung der Erbschaftsteuer abgespalten werden, ohne das gesamte Unternehmen in seiner Existenz zu bedrohen. Bei kleineren Unternehmen mit nur einem Geschäftsbereich ist diese Teilbarkeit häufig nicht gegeben, was einen Teilverkauf und somit den Fortbestand nach der Begleichung der Erbschaftsteuer unwahrscheinlicher macht (Yakolev und Davies, 2014).

Sund und Bjuggren (2007) stellen in diesem Zusammenhang fest, dass durch einen Teilverkauf zur Begleichung der Erbschaftsteuer ein zusätzliches Maß an Komplexität in der Nachfolge entstehen kann. Der Teilverkauf eines Familienunternehmens im Rahmen einer Nachfolge stellt für die Familienmitglieder eine Herausforderung dar, da die Wahl des externen Teilhabers weitreichende Folgen für die unternehmerische und die familiäre Zukunft haben kann. Für eine nachhaltig erfolgreiche Nachfolge ist es wichtig, dass zwischen der Familie und den externen Teilhabern kulturelle Gemeinsamkeiten sowie ein grundlegendes Maß an Übereinkunft bezüglich der strategischen Ausrichtung des Unternehmens bestehen. Wird trotz des ausdrücklichen Einspruchs eines Familienmitgliedes ein Teilverkauf vollzogen, kann dies zu weitreichenden familiären Konflikten führen, die gegebenenfalls auch die Geschäftstätigkeit des Unternehmens negativ beeinflussen (Sund, Melin und Haag, 2015).

Sieht der Unternehmensnachfolger einen Teilverkauf als einzige Möglichkeit an, die Steuerlast zu bezahlen und gleichzeitig das Unternehmen innerhalb der Familie fortzuführen, führt diese Entscheidung zu einer vergrößerten Anzahl an Unternehmensinhabern. In Abhängigkeit der jeweiligen Anteilsverteilung kann dieser Umstand zu einer Verwässerung der Entscheidungsmacht des Unternehmensnachfolgers führen. Besteht Uneinigkeit zwischen den stimmberechtigten Teilhabern können notwendige Entscheidungen im Unternehmen verzögert und die Wettbewerbsfähigkeit somit verringert werden (Bjuggren und Sund, 2014).

Um die beschriebenen familiären Konflikte und eine Verwässerung der Entscheidungsmacht aufgrund von Teilverkäufen an externe Eigner zu verhindern, sind viele Nachfolgeregelungen von Familienunternehmen vertraglich an Verkaufsverbote gekoppelt. Diese Verbote gewähren, dass der Besitz und die Entscheidungsmacht für das Unternehmen über Generationen innerhalb der Gründungsfamilie verbleiben. Gleichzeitig begrenzen Regelungen dieser Art die Möglichkeiten von Unternehmenserben, Kapital zur Begleichung der Erbschaftsteuer aufzubringen und einen Fortbestand des Unternehmens überhaupt zu gewährleisten (Sund und Bjuggren, 2012).

2.5 Gesamtwirtschaftliche Auswirkungen der Erbschaftsteuer im Zusammenhang mit Familienunternehmen

Nachdem in den vorangegangenen Textabschnitten die direkten Auswirkungen der Erbschaftsteuer für Familienunternehmen auf unterschiedlichen Ebenen analysiert wurden, widmet sich dieser Abschnitt den gesamtwirtschaftlichen Auswirkungen der Erbschaftsteuer im Zusammenhang mit Familienunternehmen. Die finanzielle Belastung der Erbschaftsteuer für Familienunternehmen bedingt gesamtwirtschaftliche Implikationen aufgrund von verlorenen Arbeitsplätzen, fehlenden Investitionen und damit verbundenen Innovationen sowie niedrigeren Anreizen zur Unternehmensgründung und -fortführung (Soldano, 1996).

Den durch die Erbschaftsteuer generierten Einnahmen stehen zusätzlich entgangene Einnahmen anderer Steuerarten gegenüber. Ein aufgrund der Erbschaftsteuer verlorener Arbeitsplatz bedeutet gleichzeitig den Verlust der mit dem Arbeitsplatz verbundenen Einkommensteuern. Senkt der Mitarbeiter aufgrund seiner Arbeitslosigkeit den persönlichen Konsum, entgehen dem Gesetzgeber zusätzlich Umsatzsteuereinnahmen. Wird das Unternehmen durch den fehlenden Mitarbeiter ertragsschwächer, so ergeben sich je nach Gesetzgebung Einbußen auf der Seite der Unternehmenssteuern durch fehlende Körperschaft- und Gewerbesteuereinnahmen (Soldano, 1996).

Ein Indikator für die gesamtwirtschaftlichen Auswirkungen der Erbschaftsteuer in Verbindung mit Familienunternehmen ergibt sich durch fehlendes produktives Kapital. Das zur Begleichung der Erbschaftsteuer benötigte Kapital muss aus dem Familienunternehmen entnommen werden. Es kann daher nicht mehr seinem eigentlichen Sinn entsprechend zur Steigerung der Produktivität verwendet werden. Neben diesem zur Begleichung der Erbschaftsteuer fehlenden Kapital muss weiteres produktives Kapital aus dem Unternehmen entnommen werden, um die für eine optimale Planung notwendige Rechts- und Steuerberatung zu finanzieren. Einer von Miller (1998) angeführten Studie zufolge nahmen 46% der teilnehmenden Familienunternehmer eine Restrukturierung ihrer Firma zur Senkung der Erbschaftsteuerbelastung vor. Die mit dieser Restrukturierung verbundenen Kosten beliefen sich durchschnittlich auf $149.000. Die Erbschaftsteuer entzieht einem Familienunternehmen demnach durch die eigentliche Steuerbelastung und zusätzlich durch vorbereitende Maßnahmen produktives Kapital (Soldano, 1996).

Bereits Adam Smith hinterfragt in seinem erstmals 1776 veröffentlichten Werk *Inquiry into the Nature and Causes of the Wealth of Nations* den gesamtwirtschaftlichen Sinn der Erbschaftsteuer aufgrund der Entnahme von produktivem Kapital kritisch, indem er folgenden Sachverhalt feststellt: „Alle Steuern auf Eigentumsübertragungen jeder Art verringern, soweit sie den Kapitalwert dieses Eigentums verringern, tendenziell die für den Unterhalt produktiver Arbeit bestimmten Mittel. Es sind alle Steuern mehr oder weniger unwirtschaftlich, die das Einkommen des Herrschers, der selten andere als unproduktive Arbeiter beschäftigt, auf Kosten des Kapitals des Volkes erhöhen, das nur produktive [Arbeiter] unterhält" (Smith, 2005, S. 821). Smith (2005) formuliert an dieser Stelle überspitzt, dass seiner Ansicht nach Kapital in der Hand des Staates weniger produktiv eingesetzt wird, als wenn es bei privaten (Familien-) Unternehmern verbleibt.

Eine ähnliche Position vertritt Ricardo, der in seinem 1817 erschienenen Buch *The Principles of Political Economy and Taxation* feststellt: „Steuern auf die Übertragung von Eigentum (...) verhindern, daß das nationale Kapital in der für die Gesamtheit dienlichsten Art und Weise verteilt werde. Im Hinblick auf die allgemeine Wohlfahrt kann dem Verkehr und Austausch von Eigentum jeglicher Art nicht genug Erleichterung gewährt werden, da hierdurch jede Art [von] Kapital am besten seinen Weg zu denjenigen findet, die es am vorteilhaftesten zur Hebung der Produktionen des Landes verwenden werden" (Ricardo, 1980, S. 127).

Eine Einschätzung über das Ausmaß der beschriebenen Kapitalentnahmen lässt sich vornehmlich über die besteuerten Unternehmenswerte herleiten. Nach Angaben der Bundessteuerbehörde der USA hatten die zwischen 1995 und 2004 im Rahmen einer Erbschaft besteuerten Unternehmen, welche als Familienunternehmen bezeichnet werden können, einen kumulierten Kapitalwert von $104 Mrd. Dieser Kapitalwert verteilt sich im genannten Zeitraum auf insgesamt 138.980 individuelle Erbfälle (Miller, 2006). Nach dem Abzug von persönlichen Freibeträgen und abhängig von der individuellen Größe der Übertragung wurde der ermittelte Unternehmenswert mit Steuersätzen zwischen 37% und 60% belegt. In Anbetracht der besteuerten Unternehmenswerte und der entsprechenden Höhe der Steuerbelastung ist Miller (2006) davon überzeugt, dass Familienunternehmen durch die Erbschaftsteuer zum Nachteil der Gesamtwirtschaft signifikante Mengen an produktivem Kapital entzogen werden.

Wagner (1996) beschreibt in seiner Arbeit, wie sich bei einem Unternehmensverkauf im Anschluss an einen Erbfall durch eine verringerte Kapitalproduktivität zusätzliche gesamtwirtschaftliche Nachteile ergeben können. Wagner (1996) geht davon aus, dass das in einem Familienunternehmen vorhandene und über die Zeit entwickelte unternehmerische

Wissen sowie weitere wertschaffende Elemente (familiärer Zusammenhalt, Mitarbeiterverbundenheit, Netzwerk von Geschäftspartnern) bei einem Notverkauf an einen externen Eigner nicht vollständig übertragen werden können. Zur Verdeutlichung ist vereinfachend von einem Unternehmen auszugehen, das mit einem produktiven Vermögen (Betriebsvermögen) von $100 Mio. unter der Führung der Familie eine Rendite (RoA) von 20% auf das eingesetzte Kapital und somit einen Jahresertrag von $20 Mio. erwirtschaftet. Sinkt die Rendite (RoA) in Folge der durch den Notverkauf verlorenen wertschöpfenden Elemente unter der Führung des externen Eigners auf 10%, so ergibt sich ein Jahresertrag von $10 Mio. Der identische Jahresertrag wäre unter der Führung der Familie, ceteris paribus, mit einem Betriebsvermögen von lediglich $50 Mio. erreicht worden. Die Halbierung der Kapitalproduktivität durch den externen Eigner kommt somit im gesamtwirtschaftlichen Ergebnis einer Halbierung des Betriebsvermögens gleich (Wagner, 1996).

Abgesehen von besteuerten Unternehmenswerten und der entsprechenden Entnahme von produktivem Kapital fällt es schwer, den gesamtwirtschaftlichen Effekt der Erbschaftsteuer ausschließlich im Zusammenhang mit Familienunternehmen zu ermitteln (Miller, 1998). Unabhängig vom alleinigen Einfluss der Familienunternehmen lassen sich jedoch grundlegende Annahmen treffen. Einer von Wagner (1993) angeführten Simulation zufolge hätte ein Wegfall der Erbschaftsteuer zwischen 1971 und 1991 in den USA die Schaffung von 262.000 zusätzlichen Arbeitsplätzen bewirkt. Eine von Miller (1998) verwendete Analyse ergibt, dass ein Wegfall der Erbschaftsteuer in den USA im Jahr 1997 nach sieben Jahren zu insgesamt 240.000 neuen Arbeitsplätzen führen würde und eine Steigerung des Bruttoinlandsproduktes von $33,5 Mrd. zur Folge hätte. Darüber hinaus werden in der Literatur die mit der Erbschaftsteuer verbundenen Einnahmen kritisch den verbundenen Erhebungskosten gegenüber gestellt (Soldano, 1996; Miller, 2006). Wie bereits am Beispiel von Familienunternehmen erläutert, ergibt die Komplexität der Erbschaftsteuergesetzgebung häufig hohe Beratungskosten für den Steuerzahler. Gleichzeitig bedingt diese Komplexität auf Seiten der Steuerbehörden hohe Kosten für die Ermittlung der Steuerlast, insbesondere bei komplexeren Vermögensarten wie Unternehmensvermögen. Nach einer von Soldano (1996) angewandten Schätzung werden für jeden durch die Erbschaftsteuer eingenommenen Dollar zusätzlich etwa $0,65 an kombinierten Beratungs- und Ermittlungskosten bezahlt. Einer von Miller (2006) angeführten Position zufolge wiegen die in den USA notwendigen Beratungs- und Ermittlungskosten die Erbschaftsteuereinnahmen sogar vollständig auf.

3 Die deutsche Erbschaftsteuer

Die deutsche Erbschaftsteuer wird gesetzlich durch das Erbschaftsteuer- und Schenkungsteuergesetz (ErbStG) sowie durch das Bewertungsgesetz (BewG) geregelt. Anzeigepflichten bestehen durch die Erbschaftsteuerdurchführungsverordnung (ErbStDV). Zusätzlich bilden die Erbschaftsteuerrichtlinien (ErbStR) und die ergänzenden Erbschaftsteuer-Hinweise die Rahmenbedingungen für die Arbeit der Finanzämter (Bruns, 2014).

„Als Steuertatbestand begreift das Erbschaftsteuerrecht in Deutschland den Übergang von Vermögen aufgrund des Todes einer natürlichen Person, die Schenkung unter Lebenden, Zweckzuwendungen und als Erbersatzsteuer wird die Besteuerung von Familienstiftungen oder Familienvereinen vorgenommen" (Kappenberg, 2012, S. 10). Die Erbschaftsteuer wird somit bei einem Wechsel von Eigentumsverhältnissen fällig, welcher eine Vermögensbewegung darstellt. Dabei wird durch die Erbschaftsteuer nicht der Nachlasswert des Erblassers sondern die Bereicherung des Erben besteuert. Die deutsche Erbschaftsteuer funktioniert daher als Erbanfallsteuer (Kappenberg, 2012).

Im System der Steuerarten kann die Erbschaftsteuer unterschiedlichen Kategorien zugeordnet werden. Durch die Besteuerung einer Vermögensübertragung besitzt die Erbschaftsteuer die Eigenschaften einer Verkehrssteuer. Gleichzeitig kann sie als Substanzsteuer charakterisiert werden, da das zum Übertragungszeitpunkt bewertete Vermögen die Grundlage für die Besteuerung bildet. Darüber hinaus ergänzt die Erbschaftsteuer in ihrer Funktion die Einkommen- und Körperschaftsteuer, da sie das Einkommen einer Person nach individuellen Verhältnissen erfasst (Kraft und Kraft, 2014).

An dieser Stelle ist festzuhalten, dass die Schenkungsteuer keine eigene Steuerart bildet, sondern eine Ergänzung der Erbschaftsteuer darstellt. Durch die Schenkungsteuer wird verhindert, dass eine Übertragung von Vermögen unter Lebenden steuerfrei vollzogen und somit die Erbschaftsteuer umgangen werden kann. Folglich gelten die Regelungen des Erbschaftsteuergesetzes vollumfänglich für Schenkungen, soweit keine expliziten Ausnahmen formuliert sind (Kappenberg, 2012). Aus diesem Grund wird die Erbschaft- und Schenkungsteuer im weiteren Verlauf dieser Arbeit zusammengefasst als Erbschaftsteuer bezeichnet.

Die Existenz der Erbschaftsteuer in Deutschland ist nach Bruns (2014) durch die folgenden fünf Kerngedanken begründet:

1. Das deutsche Wirtschaftssystem ermöglicht durch seine Ausgestaltung die Entwicklung ungleicher Vermögen von Einzelpersonen. Die Erbschaftsteuer erfüllt daher die Funktion der *Umverteilung*. Diese *Umverteilung* fördert den sozialen Ausgleich innerhalb der Gesellschaft und soll die Entstehung von Dynastien eingrenzen.
2. Die Erbschaftsteuer erfüllt durch ihre Funktion das *verfassungsrechtliche Gebot* der Umverteilung, welches im Grundgesetz (Art. 3 Abs. 2 Satz 2 GG) verankert ist. Als Abgrenzung zu dem moralisch-ethisch begründeten Prinzip der Umverteilung wird die Existenz der Erbschaftsteuer somit zusätzlich durch dieses *verfassungsrechtliche Gebot* erklärt.
3. Bei der Übertragung von Vermögen durch eine Erbschaft steigert sich die wirtschaftliche *Leistungsfähigkeit* des Erben. Nach dem Beschluss des Gesetzgebers aus dem Jahr 1974 soll eine Zunahme an wirtschaftlicher *Leistungsfähigkeit* mit der Besteuerung des Erwerbers einhergehen.
4. Durch die Erbschaftsteuer wird das Prinzip der *Gleichbehandlung* ermöglicht. Demnach soll eine ererbte Vermögenszunahme ebenso wie eine selbständig erarbeitete Vermögenszunahme besteuert werden.
5. Durch öffentliche Einrichtungen und die Infrastruktur bildet der deutsche Staat die Grundlage für die Entwicklung und die Sicherung von Vermögen. Nach dem Gedanken der *Äquivalenz* bietet die Erbschaftsteuer dem Staat daher die Möglichkeit, bei der Übertragung von Vermögen im Rahmen einer Erbschaft eine Gegenleistung für seine Dienste zu verlangen.

3.1 Die historische Entwicklung der Erbschaftsteuer in Deutschland

Die Erbschaftsteuer wird in Deutschland erstmalig seit dem 3. Juni 1906 einheitlich erhoben. Vorab bestanden lediglich Einzelregelungen auf Ebene der Bundesländer (Kappenberg, 2012). Seit dem Zeitpunkt der einheitlichen Erhebung wurde die Gesetzgebung der Erbschaftsteuer in Deutschland durch zahlreiche Reformen stetig verändert. Diese Reformen hatten in der Regel eine Anpassung von Steuersätzen, Steuerklassen und Freibeträgen zur Folge. Darüber hinaus wurden mehrfach inhaltliche Anpassungen vorgenommen, um verfassungsrechtliche Probleme der Erbschaftsteuer zu beseitigen. Die inhaltlichen Anpassungen der Erbschaftsteuer wurden maßgeblich durch Beschlüsse des Bundesverfassungsgerichts (BVerfG) geprägt. „Als wesentliche Anforderungen an die Erbschaftsteuer hat das BverfG den Gleichheitsgrundsatz

(Art. 3 Abs. 1 GG), die Erbrechtsgarantie (Art. 14 Abs. 1 Satz 2 GG) und den besonderen Schutz von Ehe und Familie festgelegt" (Kappenberg, 2012, S. 11).

Aufgrund des begrenzten Umfangs dieser Arbeit werden in den folgenden Abschnitten lediglich die zentralen Änderungen der Erbschaftsteuerreformen in den Jahren 1974 und 1997 beschrieben. Im Anschluss an diese historische Entwicklung wird die aktuelle, seit 2009 geltende Gesetzgebung der Erbschaftsteuer vorgestellt. Dabei liegt der Fokus auf den für die Vererbung von Familienunternehmen relevanten Regelungen.

3.1.1 Die Erbschaftsteuerreform im Jahre 1974

Die Neufassung der Erbschaftsteuergesetzgebung für das Jahr 1974 wurde vom Bundestag am 17. April 1974 mit Zustimmung des Bundestages beschlossen (Bundesgesetzblatt, 1974a). Grundlegende Inhalte dieser Neufassung waren Teil eines umfassenderen Steuerreformgesetzes, dessen Inhalt in einem Entwurf der Bundesregierung vom 4. Mai 1972 erörtert wurde (Drucksache, 1972).

In der Begründung für den Gesetzesentwurf wird die Erhebungsform der Erbschaftsteuer diskutiert. Dabei steht die Erbschaftsteuer als Nachlasssteuer, als Erbanfallsteuer sowie als Kombination aus beiden Erhebungsformen zur Debatte. Bei der *Nachlasssteuer* ergibt sich die Besteuerung aus der Größe des übertragenen Vermögens. Bei dieser Erhebungsform kann somit keine Differenzierung der Besteuerung in Abhängigkeit von der Anzahl der Erben und der Vermögenszunahme von einzelnen Personen vorgenommen werden. Gleichfalls ist keine Differenzierung in Abhängigkeit des Verwandtschaftsverhältnisses möglich (Drucksache, 1972).

Der Gesetzgeber entscheidet sich im Hinblick auf die Reform 1974 daher für eine Erhebung der Erbschaftsteuer als *Erbanfallsteuer*. Diese Erhebungsform ermöglicht es, das Prinzip der *Leistungsfähigkeit* zu berücksichtigen. Bei einem großen Vermögenszuwachs durch eine Erbschaft steigt die wirtschaftliche Leistungsfähigkeit des Erben stärker als bei einer kleineren Erbschaft. So begründet der Gesetzgeber Steuersätze, die mit der Größe des Vermögenszuwachses ansteigen. Darüber hinaus ermöglicht die Erbschaftsteuer als *Erbanfallsteuer* eine Differenzierung der Besteuerung in Abhängigkeit des Verwandtschaftsverhältnisses. Enge Verwandte des Erblassers erhalten größere Freibeträge als entfernte Verwandte. Gleichzeitig wird der steuerpflichtige Erwerb, den die Erbschaft bei engen Verwandten darstellt – je nach Größe der Erbschaft – mit niedrigeren Steuersätzen belegt als bei entfernten Verwandten (Drucksache, 1972).

Der Gesetzgeber ordnet nach der Reform von 1974 Erben nach ihrem Verwandtschaftsverhältnis zum Erblasser gemäß § 15 ErbStG in vier Steuerklassen ein. Zur Steuerklasse 1 zählen der Ehegatte sowie die leiblichen Kinder, die Adoptivkinder und die Stiefkinder des Erblassers. Enkel des Erblassers werden nur dann zur Steuerklasse 1 gezählt, wenn ihre Eltern bereits verstorben sind. Der Gesetzgeber bezeichnet dieses Verwandtschaftsverhältnis als „die Kinder verstorbener Kinder" (Bundesgesetzblatt, 1974a, S. 939). Für alle Erben der Steuerklasse 1 gelten einheitliche Steuersätze, welche sich nach der Größe der Erbschaft richten. Die Freibeträge innerhalb der Steuerklasse 1 unterscheiden sich jedoch. Ehegatten steht ein Freibetrag von DM 250.000 und ein zusätzlicher besonderer Versorgungsfreibetrag von nochmals DM 250.000 zu, soweit sie keine Versorgungsbezüge beanspruchen, die der Erbschaftsteuer nicht unterliegen. Allen weiteren Erben der Steuerklasse 1 wird ein Freibetrag von DM 90.000 gewährt, wobei leiblichen Kindern, Adoptivkindern und Stiefkindern des Erblassers ebenfalls ein zusätzlicher besonderer Versorgungsfreibetrag zusteht. Dieser Betrag beläuft sich bei Kindern bis zu einem Alter von fünf Jahren auf DM 50.000 und reduziert sich schrittweise, je nach Alter des Erben, auf einen Betrag von DM 10.000 bis zur Vollendung des 27. Lebensjahres (Bundesgesetzblatt, 1974a).

Zur Steuerklasse 2 zählen Enkelkinder, sofern sie nicht aufgrund bereits verstorbener Eltern zur Steuerklasse 1 gezählt werden. Erben der Steuerklasse 2 steht ein Freibetrag in Höhe von DM 50.000 zu. Die Steuerklasse 3 umfasst Eltern, Großeltern, Adoptiveltern, Stiefeltern und Schwiegereltern. Zusätzlich gehören zur Steuerklasse 3 die Geschwister des Erblassers, sowie Nachkommen ersten Grades der Geschwister und geschiedene Ehegatten. Erben der Steuerklasse 3 steht ein Freibetrag in Höhe von DM 10.000 zu. Alle weiteren Erben werden der Steuerklasse 4 zugeordnet und erhalten einen Freibetrag in Höhe von DM 3.000. Zur Steuerklasse 4 werden ebenfalls Erbschaften zugeordnet, die nach § 8 ErbStG als Zweckzuwendungen anzusehen sind. Dabei handelt es sich um Zuwendungen im Rahmen einer Erbschaft oder einer Schenkung, die einem bestimmten, durch den Erblasser festgelegten Zweck unterliegen. Durch diese Bindung der Erbschaft mindert sich der Vermögenszuwachs des Erben nach Ansicht des Gesetzgebers (Bundesgesetzblatt, 1974a).

Die bereits im Vorfeld erwähnten von der Steuerklasse des Erben und der Größe des Vermögenszuwachses abhängigen Steuersätze für Erbschaften werden in der nachfolgenden Tabelle dargestellt. Eine weiterführende Analyse erfolgt im Vergleich zu den aktuell geltenden Regelungen. Um ein sprunghaftes Ansteigen der Steuerbelastung beim Überschreiten eines Intervalls abzumildern, regelt § 19 Abs. 3 ErbStG (Abbildung 3-1) ein Gleitmodell: „Der

Unterschied zwischen der Steuer, die sich bei Anwendung [der Steuersätze] (...) ergibt, und der Steuer, die sich berechnen würde, wenn der Erwerb die letztvorhergehende Wertgrenze nicht überstiegen hätte, wird nur insoweit erhoben, als er [:]

a) bei einem Steuersatz bis zu 30 vom Hundert aus der Hälfte,

b) bei einem Steuersatz über 30 bis zu 50 vom Hundert aus drei Vierteln,

c) bei einem Steuersatz über 50 vom Hundert aus neun Zehnteln

des die Wertgrenze übersteigenden Betrages gedeckt werden kann" (Bundesgesetzblatt, 1974a, S. 940-941).

§ 19
Steuersätze

(1) Die Erbschaftsteuer wird nach folgenden Vomhundertsätzen erhoben:

Wert des Steuerpflichtigen Erwerbs (§ 10) bis einschließlich Deutsche Mark	Vomhundertsatz in der Steuerklasse			
	I	II	III	IV
50 000	3	6	11	20
75 000	3,5	7	12,5	22
100 000	4	8	14	24
125 000	4,5	9	15,5	26
150 000	5	10	17	28
200 000	5,5	11	18,5	30
250 000	6	12	20	32
300 000	6,5	13	21,5	34
400 000	7	14	23	36
500 000	7,5	15	24,5	38
600 000	8	16	26	40
700 000	8,5	17	27,5	42
800 000	9	18	29	44
900 000	9,5	19	30,5	46
1 000 000	10	20	32	48
2 000 000	11	22	34	50
3 000 000	12	24	36	52
4 000 000	13	26	38	54
6 000 000	14	28	40	56
8 000 000	16	30	43	58
10 000 000	18	33	46	60
25 000 000	21	36	50	62
50 000 000	25	40	55	64
100 000 000	30	45	60	67
über 100 000 000	35	50	65	70

Abbildung 3-1: Steuersätze nach § 19 ErbStG (Bundesgesetzblatt, 1974a)

Steuerbefreiungen gelten nach der Reform von 1974 nach § 13 ErbStG für Hausrat, Kunstgegenstände und persönliche Sammlungen bis zu einem Wert von DM 40.000 für Erben der Steuerklassen 1 und 2 und bis zu einem Wert von DM 10.000 für Erben der Steuerklassen 3 und 4. Bei Gegenständen, die nicht unter die aufgeführten drei Kategorien fallen, verringert sich der steuerbefreite Wert je nach Steuerklasse auf DM 5.000 beziehungsweise DM 2.000. Einschränkend hält der Gesetzgeber fest: „Die Befreiung gilt nicht für Gegenstände, die zum land- und forstwirtschaftlichen Vermögen, zum Grundvermögen oder zum Betriebsvermögen gehören, für Zahlungsmittel, Wertpapiere, Münzen, Edelmetalle, Edelsteine und Perlen" (Bundesgesetzblatt, 1974a, S. 937).

Darüber hinaus gilt für Grundbesitz, Kunstgegenstände und wissenschaftliche Sammlungen eine Steuerbefreiung von 60% des ermittelten Wertes, wenn der Erhalt dieser Gegenstände im Interesse der Öffentlichkeit liegt. Darüber hinaus müssen die Gegenstände der Öffentlichkeit zur Volksbildung oder der Forschung in einem verhältnismäßigen Umfang zugänglich gemacht werden. Dies kann beispielsweise in Form einer Ausstellung geschehen. Gleichzeitig müssen die für die Erhaltung notwendigen Kosten mögliche mit den Gegenständen verbundene Einnahmen regelmäßig übersteigen. Bezogen auf die genannten Gegenstände ist eine Steuerbefreiung von 100% des ermittelten Wertes möglich, wenn zusätzlich zu den genannten Bedingungen folgende zwei Parameter erfüllt werden (Bundesgesetzblatt, 1974a):

1. Der Erbe erfüllt und finanziert die für die Erhaltung der Gegenstände geltenden Auflagen zur Denkmalspflege.
2. Die Familie des Erblassers besitzt die Gegenstände seit einem Zeitraum von mindestens 20 Jahren oder die Gegenstände sind im Verzeichnis national wertvollen Kulturgutes beziehungsweise im Verzeichnis national wertvoller Archive aufgeführt.

Eine vollständige Steuerbefreiung gilt für vererbten Grundbesitz, wenn dieser der Öffentlichkeit zur Verfügung gestellt wird und die Nutzung des Grundbesitzes der Volkswohlfahrt dient. Ein mögliches Beispiel für die Erfüllung dieser Bedingung ist die Umwandlung von vererbten, privaten Ländereien in einen öffentlichen Park. Wie bei der vorab beschriebenen Art der Steuerbefreiung müssen die für die Erhaltung notwendigen Kosten mögliche mit dem Grundbesitz verbundene Einnahmen regelmäßig übersteigen (Bundesgesetzblatt, 1974a).

Für beide der beschriebenen Arten von Steuerbefreiungen gelten Haltefristen von 10 Jahren. Werden die steuerbefreiten Gegenstände oder der Grundbesitz vom Erben innerhalb von 10

Jahren nach dem Erbanfall veräußert, so entfällt die Steuerbefreiung rückwirkend für die Vergangenheit. Identisch zu den Haltefristen entfällt die Steuerbefreiung, wenn eine der erforderlichen Bedingungen, wie beispielsweise Denkmalspflege oder Freigabe zur öffentlichen Nutzung, innerhalb des Zeitraums von 10 Jahren nicht mehr erfüllt wird (Bundesgesetzblatt, 1974a).

Die in den vorangegangenen Abschnitten beschriebenen Steuerbefreiungen sind für die Thematik von Familienunternehmen im Zusammenhang mit der Erbschaftsteuer relevant, da klare Parallelen zu den heute geltenden Steuerbefreiungen von Betriebsvermögen und Anteilen an Kapitalgesellschaften zu erkennen sind. Dies gilt für formale Bedingungen wie Haltefristen, aber auch für die grundlegende Überlegung der Steuerbefreiung von Vermögensarten, deren Erhalt im Interesse der Öffentlichkeit liegt. Diese Parallelen werden zu einem späteren Zeitpunkt im Rahmen der Beschreibung der aktuell geltenden Gesetzgebung erneut aufgegriffen.

Im Rahmen der Reform von 1974 sah der Gesetzgeber keine Steuerbefreiung für vererbtes Betriebsvermögen vor. Den besonderen Umständen von Familienunternehmen wird lediglich durch § 28 ErbStG Beachtung geschenkt. Hier legt der Gesetzgeber folgende Regelung zur Stundung von vererbtem Vermögen fest: „Gehört zum Erwerb Betriebsvermögen oder land- und forstwirtschaftliches Vermögen, so ist dem Erwerber die darauf entfallende Erbschaftsteuer auf Antrag bis zu sieben Jahren insoweit zu stunden, als dies zur Erhaltung des Betriebs notwendig ist" (Bundesgesetzblatt, 1974a, S. 943).

3.1.2 Die Erbschaftsteuer zwischen 1974 und 1996

Nach der Reform von 1974 wurde das ErbStG in den folgenden Jahren in einzelnen Punkten verändert und ergänzt. Für die Thematik dieser Arbeit ist dabei vor allem die Einführung eines Freibetrages für vererbtes Betriebsvermögen relevant. Im Rahmen des Standortsicherungsgesetzes von 1993 beschloss der Gesetzgeber gemäß § 13 Abs. 2a ErbStG einen Freibetrag in Höhe von DM 500.000 für die Übertragung von Betriebsvermögen nach § 12 Abs. 5 ErbStG (Bundesgesetzblatt, 1993).

Bei mehreren Erben kommt der Freibetrag jedoch nicht jedem begünstigten Erben einzeln zu, sondern gilt anteilig. Der Erblasser kann ebenfalls eine individuelle Aufteilung nach seinen persönlichen Vorstellungen veranlassen. Wird die Übertragung durch eine Schenkung zu Lebzeiten vorgenommen, so kann der Freibetrag nur im Abstand von zehn Jahren in Anspruch genommen werden (Bundesgesetzblatt, 1993).

Der Freibetrag für Betriebsvermögen ist an die Fortführung des Unternehmens über einen Zeitraum von fünf Jahren gebunden. Wird das Unternehmen vollständig oder anteilig innerhalb von fünf Jahren nach dem Erbanfall veräußert, so verfällt die Steuerbefreiung rückwirkend. Die Steuerbefreiung verfällt ebenfalls, wenn innerhalb dieses Zeitraums wesentliche Betriebsgrundlagen verkauft, in das Privatvermögen des Erben übertragen oder für einen betriebsfremden Zweck verwendet werden. Bei einer Betriebsaufgabe innerhalb von fünf Jahren nach dem Erbanfall gilt der Freibetrag ebenfalls rückwirkend nicht mehr (Bundesgesetzblatt, 1993).

Eine weitere für die Vererbung von Betriebsvermögen relevante Ergänzung wurde im Jahressteuergesetz (JStG) 1996 entschieden. Neben dem bereits geltenden Freibetrag von DM 500.000 wurde nach § 13 Abs. 2a ErbStG ein Bewertungsabschlag von 25% auf den verbleibenden Wert des übertragenen Unternehmen eingeführt (Bundesgesetzblatt, 1995).

Der Freibetrag und der Bewertungsabschlag gelten nach § 13 Abs. 2a ErbStG nun für „Betriebsvermögen (§ 12 Abs. 5) und Anteile an Kapitalgesellschaften, wenn die Kapitalgesellschaft zur Zeit der Entstehung der Steuer Sitz oder Geschäftsleitung im Inland hat und der Erblasser oder Schenker am Nennkapital dieser Gesellschaft mindestens zu einem Viertel unmittelbar beteiligt war" (Bundesgesetzblatt, 1995, S. 1404). Die Steuerbefreiung für Betriebsvermögen ist weiterhin nach den im Bundesgesetzblatt 1993 festgelegten Grundsätzen an eine Fortführung des Unternehmens über einen Zeitraum von fünf Jahren gebunden. Für begünstigte Anteile von Kapitalgesellschaften gilt ebenfalls eine Haltefrist von fünf Jahren. Darüber hinaus entfällt die Steuerbefreiung, wenn „die Kapitalgesellschaft innerhalb der Frist aufgelöst oder ihr Nennkapital herabgesetzt wird, wenn diese wesentliche Betriebsgrundlagen veräußert und das Vermögen an die Gesellschafter verteilt wird oder wenn Vermögen der Kapitalgesellschaft auf eine Personengesellschaft, eine natürliche Person oder eine andere Körperschaft (...) übertragen wird" (Bundesgesetzblatt, 1995, S. 1404).

3.1.3 Die Erbschaftsteuerreform im Jahre 1997

Den Anstoß für eine umfassendere Erbschaftsteuerreform im Rahmen des JStG 1997 brachte das Urteil des BVerfG vom 22. Juni 1995. Darin erklärte das BVerfG das seit 1964 für erbschaftsteuerliche Zwecke geltende Bewertungsverfahren durch Einheitswerte für verfassungswidrig. Eine entsprechende Neuregelung musste bis zum 31. Dezember 1996 durch den Gesetzgeber beschlossen werden und galt rückwirkend ab dem 1. Januar 1996. Neben der Frage nach einem dem *Gleichheitsgrundsatz* (Art. 3 Abs. 1 GG) entsprechenden und damit verfassungskonformen Bewertungsverfahren waren für die Gestaltung der Reform von 1997 die nach Art. 14 Abs. 1 Satz 2 GG festgehaltene *Erbrechtsgarantie* und der verfassungsrechtlich gebotene *Schutz von Ehe und Familie* maßgeblich (Troll, Gebel und Jülicher, 2015).

Der *Gleichheitsgrundsatz* ermöglicht dem Gesetzgeber in Bezug auf die Ausgestaltung der Erbschaftsteuerbelastung einen umfassenden Gestaltungsspielraum, welcher „ihn insbesondere berechtigt, sich bei seinen Regelungen auch von finanzpolitischen, volkswirtschaftlichen oder sozialpolitischen Erwägungen leiten zu lassen. Seine Gestaltungsbefugnis endet erst dort, wo ein sachlicher Grund für die Gleichbehandlung oder Ungleichbehandlung fehlt" (DNotZ, 1995, S. 762). Diese drei unterschiedlichen Arten von Erwägungen haben insbesondere bei der erbschaftsteuerlichen Betrachtung von Betriebsvermögen eine besondere Wichtigkeit. Die spezifischen Charakteristika von Familienunternehmen, ihre Verbundenheit mit Angestellten und Gemeinden sowie ihre gesamtwirtschaftliche Bedeutung haben, wie die folgenden Textabschnitte zeigen werden, den Gesetzgeber bei der Gestaltung der Erbschaftsteuerreform maßgeblich beeinflusst.

Nach Ansicht des BVerfG findet „der Spielraum für den steuerlichen Zugriff auf den Erwerb von Todes wegen (...) seine Grenze dort, wo die Steuerpflicht den Erwerber übermäßig belastet und die ihm zugewachsenen Vermögenswerte grundlegend beeinträchtigt" (DNotZ, 1995, S. 759). Darüber hinaus darf die Steuerbelastung die Erbschaft für den Eigentümer nicht wirtschaftlich sinnlos machen. Die Erbschaftsteuer muss folglich derart ausgestaltet sein, dass die *Erbrechtsgarantie* in ihrer Funktion grundlegend gewahrt und das Eigentum des Erblassers im Fortbestand gesichert wird (DNotZ, 1995).

Bezogen auf den *Schutz von Ehe und Familie* stellt der Gesetzgeber fest, dass bei denjenigen Erben, welche direkte Familienangehörige des Erblassers sind, die Erbschaftsteuerbelastung in besonderem Maße begrenzt werden muss. Erbschaften unter direkten Familienangehörigen sollten in Abhängigkeit von der Größe des übertragenen Vermögen „zumindest zum deutlich überwiegenden Teil oder, bei kleineren Vermögen, völlig steuerfrei" (DNotZ, 1995, S. 760) vollzogen werden können. Dies hat zum Ziel, dass „die Erbschaft für den Ehegatten noch Ergebnis der ehelichen Erwerbsgemeinschaft bleibt und auch eine im Erbrecht angelegte Mitberechtigung der Kinder am Familiengut nicht verlorengeht" (DNotZ, 1995, S. 761). Aus diesem Grund werden Erben der Steuerklasse 1 (Ehegatten und Kinder) höhere Freibeträge in Kombination mit niedrigeren Steuersätzen gestattet als den Erben der verbleibenden Steuerklassen.

Im Rahmen der Erbschaftsteuerreform von 1997 hebt der Gesetzgeber die besonderen Umstände, welche bei der Übertragung von Betriebsvermögen durch eine Erbschaft zu berücksichtigen sind, hervor und begründet dadurch die fortan geltenden, großzügigeren Verschonungsregeln. Er betont in diesem Zusammenhang insbesondere den häufig illiquiden Charakter dieser Vermögensart und die Bedeutung von Betrieben für das gesellschaftliche Gemeinwohl (DNotZ, 1995).

In Bezug auf die Erbschaftsteuerlast für übertragenes Betriebsvermögen im Vergleich zu anderen Vermögensarten stellt der Gesetzgeber fest: „Bei der Gestaltung der Steuerlast [ist] zu berücksichtigen, daß die Existenz von bestimmten Betrieben – namentlich von mittelständischen Unternehmen – durch zusätzliche finanzielle Belastungen, wie sie durch die Erbschaftsteuer auftreten, gefährdet werden kann. Derartige Betriebe, die durch ihre Widmung für einen konkreten Zweck verselbständigt und als wirtschaftlich zusammengehörige Funktionseinheit organisiert sind, sind in besonderer Weise gemeinwohlgebunden und gemeinwohlverpflichtet: Sie unterliegen als Garant von Produktivität und Arbeitsplätzen insbesondere durch Verpflichtungen gegenüber den Arbeitnehmern (...) und durch die langfristigen Investitionen einer gesteigerten rechtlichen Bindung. Sie hat zur Folge, daß die durch die Erbschaftsteuer erfaßte finanzielle Leistungsfähigkeit des Erben nicht seinem durch den Erbfall erworbenen Vermögenszuwachs voll entspricht. Die Verfügbarkeit über den Betrieb und einzelne dem Betrieb zugehörige Wirtschaftsgüter ist beschränkter als bei betrieblich ungebundenem Vermögen" (DNotZ, 1995, S. 761).

Der Gesetzgeber begründet auf Basis des Gleichheitsgrundsatzes (Art. 3 Abs. 1 GG) seine Entscheidung, die beschriebene verminderte Leistungsfähigkeit eines Erben von Betriebsvermögen im Vergleich zu einem Erben von Barvermögen gleicher Größe in der erbschaftsteuerlichen Belastung zu berücksichtigen. Wird der vererbte Betrieb fortgeführt, also nicht veräußert oder aufgegeben, fördert dies die Sozialgebundenheit, wodurch eine erbschaftsteuerliche Begünstigung gerechtfertigt ist. Die Erbschaftsteuer darf folglich, unabhängig vom Verwandtschaftsverhältnis zwischen Erblasser und Erbe, die Fortführung eines Betriebes durch eine außerordentliche finanzielle Belastung nicht gefährden (DNotZ, 1995). Der im Rahmen des JStG 1996 beschlossene Bewertungsabschlag von 25% auf übertragene Betriebe wird daher nach § 13a Abs. 2 auf 40% angehoben (Bundesgesetzblatt, 1997). Dieser erhöhte Bewertungsabschlag gilt weiterhin in Verbindung mit dem bereits 1993 festgelegten Freibetrag von DM 500.000. Neben übertragenem Betriebsvermögen gelten die genannten Verschonungsregelungen nun auch für land- und forstwirtschaftliches Vermögen.

Im Vergleich zum JStG 1996 gelten die Verschonungsregelungen nun jedoch nur noch für übertragene Anteile an Kapitalgesellschaften, wenn „der Erblasser (...) am Nennkapital dieser Gesellschaft zu mehr als einem Viertel unmittelbar beteiligt war" (Bundesgesetzblatt, 1997, S. 385). Vormalig war eine Beteiligung des Erblassers an der Gesellschaft von „mindestens (...) einem Viertel" (Bundesgesetzblatt, 1995, S. 1404) für die Verschonung ausreichend.

Da sich die Erbschaftsteuerbelastung aus der Kombination von Steuersatz und Bemessungsgrundlage ergibt, sieht der Gesetzgeber 1997, nach der Anpassung der Bewertungsverfahren für unterschiedliche Vermögensarten und einer entsprechenden Veränderung der Bemessungsgrundlage im Erbfall, auch eine umfassende Überarbeitung der Steuerklassen und ihren jeweiligen Steuersätzen sowie Freibeträgen vor. Diese Überarbeitung wurde darüber hinaus durch den verfassungsrechtlich gebotenen Schutz von Ehe und Familie beeinflusst, welcher, wie vorab erwähnt, für die Reform von 1997 neben dem Gleichheitsgrundsatz und der Erbrechtsgarantie von maßgeblicher Bedeutung war (DNotZ, 1995).

Im Vergleich zur Reform von 1974 werden Erben in der Reform von 1997 nicht mehr in vier, sondern nur noch in drei Steuerklassen eingeteilt. Die Steuerklasse 1 umfasst neben dem Ehegatten und den Kindern nun ebenso die Enkel des Erblassers. Die Eltern und Großeltern des Erblassers werden zur Steuerklasse 1 gezählt, wenn es sich um einen Erwerb von Todes wegen handelt (Bundesgesetzblatt, 1997).

Das erklärte Ziel des BVerfG war es, das Familiengebrauchsvermögen, darunter fallen das Grundeigentum sowie das zur individuellen Lebensgestaltung dienende Vermögen, zum Schutz von Ehe und Familie bei einem Erbfall steuerfrei übertragen zu können. Aus diesem Grund sieht der Regierungsentwurf eine deutliche Erhöhung des Freibetrags für Ehegatten von vormalig DM 250.000 auf DM 600.000 vor. Der Freibetrag für Kinder steigt diesem Ansatz folgend von DM 90.000 auf DM 400.000. Den Enkeln des Erblassers wird ebenfalls ein Freibetrag von DM 400.000 gewährt, wenn ihre Eltern bereits verstorben sind. Für die übrigen Erben der Steuerklasse 1 gilt ein Steuersatz von DM 100.000 (Bundesgesetzblatt, 1997).

Zur Steuerklasse 2 gehören nach der Reform von 1997 die Eltern und Großeltern, wenn es sich im Erbfall nicht um einen Erwerb von Todes wegen handelt, sondern um eine Schenkung zu Lebzeiten. Darüber hinaus gehören zur Steuerklasse 2 die Geschwister und deren direkte Nachkommen, die Stief- und Schwiegereltern, die Schwiegerkinder sowie geschiedene Ehegatten. Erben der Steuerklasse 2 wird ein Freibetrag in Höhe von DM 20.000 gewährt. Erben, die nicht unter die vorangegangenen Personen fallen, und die bereits im Rahmen der Reform von 1974 beschriebenen Zweckzuwendungen werden der Steuerklasse 3 zugeordnet.

In diesen Fällen gewährt der Gesetzgeber einen Freibetrag von DM 10.000 (Bundesgesetzblatt, 1997). Verglichen mit den nach der Reform von 1974 geltenden Freibeträgen haben sich die Freibeträge der Reform von 1997 deutlich erhöht. Dies lässt den Einfluss der vorab beschriebenen, für die Reform maßgeblichen Faktoren der Erbrechtsgarantie und des Schutzes von Ehe und Familie erkennen.

In Bezug auf die nach § 19 ErbStG geltenden Steuersätze sind im Vergleich der Reformen von 1974 und 1997 unterschiedliche Veränderungen zu erkennen. Die Steuersätze in Klasse 1 sind in der Reform von 1997 leicht erhöht worden. Sie steigen, abhängig von der Größe des erbschaftsteuerlichen Erwerbs, zwischen 1-5%. Die Steuersätze der Klassen 2 und 3, welche, bezogen auf die enthaltenen Personen, größtenteils den ehemaligen Klassen 3 und 4 von 1974 entsprechen, sind dagegen gesunken. Vor allem bei größeren übertragenen Vermögen ist eine deutliche Reduzierung der Steuersätze zu erkennen, wie das folgende Beispiel verdeutlichen soll: Wurde ein steuerpflichtiger Erwerb im Rahmen einer Erbschaft unter Geschwistern in Höhe von DM 10.000.000 nach der Reform von 1974 mit einem Steuersatz von 46% belegt, so beträgt der Steuersatz bei einem Erbfall identischer Größe nach der Reform von 1997 nur noch 27% (Bundesgesetzblatt, 1997).

Darüber hinaus ist zu erkennen, dass die nach der Reform von 1997 geltenden Steuersätze in deutlich größeren Intervallen erhoben werden. Wurde der Steuersatz vormalig nach 25 einzelnen Intervallen zwischen einschließlich DM 50.000 und über DM 100.000.000 bestimmt, so sind es nach der Reform von 1997 nur noch sieben unterschiedliche Intervalle. Im Einzelfall kann sich dadurch, ausgehend von einem steuerpflichtigen Erwerb gleicher Größe, beim Überschreiten eines Intervalls durch die weniger feine Abstufung der Intervalle nach der Reform von 1997 ein höherer Steuersatz ergeben. Diesem Problem wirkt jedoch nach wie vor der bereits nach der Reform von 1974 geltende und vorab beschriebene § 19 Abs. 3 ErbStG mit einem Gleitmodell entgegen (Bundesgesetzblatt, 1997).

Eine weitere für die Thematik dieser Arbeit relevante Ergänzung der Reform im Jahre 1997 ist § 19a ErbStG, welcher eine Tarifbegrenzung für den steuerpflichtigen Erwerb von Erben der Steuerklassen 2 und 3 regelt. Diese Tarifbegrenzung in Form eines Entlastungsbetrags gilt für im Rahmen einer Erbschaft übertragenes Betriebsvermögen, land- und forstwirtschaftliches Vermögen sowie für übertragene Anteile an inländischen Kapitalgesellschaften, sofern der Erblasser am Nennkapital der Gesellschaft zu mehr als 25% beteiligt ist (Bundesgesetzblatt, 1997). Die Ermittlung des Entlastungsbetrags regelt § 19a Abs. 4 ErbStG: „[1]Zur Ermittlung des Entlastungsbetrags ist für den steuerpflichtigen Erwerb zunächst die Steuer nach der tatsächlichen

Steuerklasse des Erwerbers zu berechnen (...). ²Für den steuerpflichtigen Erwerb ist dann die Steuer nach Steuerklasse 1 zu berechnen (...). ³Der Entlastungsbetrag ergibt sich als Unterschiedsbetrag zwischen der auf [das] Vermögen (...) entfallenden Steuer nach den Sätzen 1 und 2" (Bundesgesetzblatt, 1997, S. 387). Der Entlastungsbetrag wird dabei nur anteilig für die vorab genannten Vermögensarten ermittelt und gilt nicht für den gesamten Vermögensanfall, sofern dieser noch andere Vermögensarten wie beispielsweise Barvermögen umfasst. Durch die Einführung des § 19a ErbStG (Abbildung 3-2) im Rahmen der Reform von 1997 wird übertragenes Betriebsvermögen fortan, unabhängig vom Verwandtschaftsverhältnis zwischen Erblasser und Erbe, nach den Steuersätzen der Klasse 1 besteuert (Kappenberg, 2012).

§ 19

Steuersätze

(1) Die Erbschaftsteuer wird nach folgenden Vomhundertsätzen erhoben:

Wert des steuerpflichtigen Erwerbs (§ 10) bis einschließlich ... Deutsche Mark	Vomhundertsatz in der Steuerklasse		
	I	II	III
100 000	7	12	17
500 000	11	17	23
1 000 000	15	22	29
10 000 000	19	27	35
25 000 000	23	32	41
50 000 000	27	37	47
über 50 000 000	30	40	50

Abbildung 3-2: Steuersätze nach § 19 ErbStG (Bundesgesetzblatt, 1997)

3.1.4 Die Erbschaftsteuerreform im Jahre 2009

Mit dem Beschluss vom 7. November 2006 erklärte das BVerfG die nach den Grundsätzen des JStG 1997 geltende Erbschaftsteuergesetzgebung für verfassungswidrig. Maßgeblich für diesen Beschluss war die Feststellung, dass unterschiedliche Vermögensarten nach § 19 ErbStG zwar durch einen einheitlichen Steuersatz belastet werden, die Bewertung dieser unterschiedlichen Vermögensarten jedoch nicht einheitlich ausgestaltet ist (Kappenberg, 2012).

Das BVerfG (2006) formulierte seine Kritik an der bis dahin geltenden Gesetzgebung und die Anforderung an die zukünftige Gesetzgebung in den folgenden zwei Leitsätzen:

„1. Die durch § 19 Abs. 1 ErbStG angeordnete Erhebung der Erbschaftsteuer mit einheitlichen Steuersätzen auf den Wert des Erwerbs ist mit dem Grundgesetz unvereinbar, weil sie an Steuerwerte anknüpft, deren Ermittlung bei wesentlichen Gruppen von Vermögensgegenständen (Betriebsvermögen, Grundvermögen, Anteilen an

Kapitalgesellschaften und land- und forstwirtschaftlichen Betrieben) den Anforderungen des Gleichheitssatzes aus Art. 3 Abs. 1 GG nicht genügt.

2. a) Die Bewertung des anfallenden Vermögens bei der Ermittlung der erbschaftsteuerlichen Bemessungsgrundlage muss wegen der dem geltenden Erbschaftsteuerrecht zugrunde liegenden Belastungsentscheidung des Gesetzgebers, den durch Erbfall oder Schenkung anfallenden Vermögenszuwachs zu besteuern, einheitlich am gemeinen Wert als dem maßgeblichen Bewertungsziel ausgerichtet sein. Die Bewertungsmethoden müssen gewährleisten, dass alle Vermögensgegenstände in einem Annäherungswert an den gemeinen Wert erfasst werden.

b) Bei den weiteren, sich an die Bewertung anschließenden Schritten zur Bestimmung der Steuerbelastung darf der Gesetzgeber auf den so ermittelten Wert der Bereicherung aufbauen und Lenkungszwecke, etwa in Form zielgenauer und normenklarer steuerlicher Verschonungsregelungen, ausgestalten" (BVerfG, 2006, S.1).

Ziel der neuen Gesetzgebung muss es daher nach der Ansicht von Kappenberg (2012) auf erster Ebene sein, durch ein angemessenes Bewertungsverfahren alle Vermögensarten mit dem Verkehrswert (gemeiner Wert) zu erfassen. Auf dieser Ebene sollten keine Ausnahmeregelungen wirken, da sonst eine einheitliche Bewertung nicht erreicht werden kann. Im Anschluss an die Bewertung zum Verkehrswert können auf zweiter Ebene Förder- und Lenkungszwecke für einzelne Vermögensarten verfolgt und diese somit begünstigt werden. Dabei ist der Gesetzgeber berechtigt, „bei Vorliegen ausreichender Gemeinwohlgründe (...) mittels Verschonungsregelungen den Erwerb bestimmter Vermögensgegenstände – gegebenenfalls auch sehr weitgehend – zu begünstigen" (BVerfG, 2006, S. 35).

Die Erbschaftsteuerreform 2009 hatte, dem Urteil und Anspruch des BVerfG folgend, in ihrer Ausgestaltung umfassende Änderungen für die Bewertung von Unternehmen und die geltenden Verschonungsregelungen zur Folge. Diese grundlegenden Änderungen wurden im Gesetz zur Reform des Erbschaftsteuer- und Bewertungsrechts am 24. Dezember 2008 erlassen (Bundesgesetzblatt, 2008). Im Rahmen des Gesetzes zur Beschleunigung des Wirtschaftswachstums wurden am 22. Dezember 2009 weitere inhaltliche Anpassungen am ErbStG vorgenommen (Bundesgesetzblatt, 2009). Die aktuell für die Übertragung von Betriebsvermögen und Anteilen an Kapitalgesellschaften geltenden erbschaftsteuerlichen Regelungen basieren auf der Fassung des ErbStG vom 22. Dezember 2009 und wurden seither nur im Detail verändert. Ziel des nachfolgenden Textabschnitts ist es, die aktuell geltenden Verschonungsregelungen für die genannten Vermögensarten sowie weitere relevante

Abschnitte des ErbStG zu identifizieren und mit Hinblick auf die historische Entwicklung zu analysieren. Die aktuell geltenden Bewertungsvorschriften werden in einem weiteren Abschnitt separat im historischen Kontext betrachtet.

Nach § 13a Abs. 1 ErbStG gelten die aktuellen Verschonungsregelungen, sofern keine Ausnahmen genannt werden, für Betriebsvermögen, land- und forstwirtschaftliches Vermögen sowie für übertragene Anteile an Kapitalgesellschaften, wenn der Erblasser am Nennkapital der Gesellschaft zu mehr als 25% unmittelbar beteiligt ist. Nachfolgend werden diese Vermögensarten vereinfachend unter dem Begriff Betrieb beziehungsweise Betriebsvermögen zusammengefasst.

Von einer Belastung durch die Erbschaftsteuer ausgenommen sind Betriebe, die 20 oder weniger Beschäftigte haben. Darüber hinaus wird dem Erben nach § 13 Abs. 2 ErbStG ein Abzugsbetrag von €150.000 gewährt, sofern der erworbene Betrieb diesen Wert nicht übersteigt. Dabei verringert sich der Abzugsbetrag, „wenn der Wert [des Betriebs] (...) insgesamt die Wertgrenze von 150 000 Euro übersteigt, um 50 Prozent des diese Wertgrenze übersteigenden Betrags" (Steuergesetze, 2016, S. 859).

Für eine weitergehende Verschonung von übertragenen Betrieben gilt nach § 13a Abs. 1 ErbStG die sogenannte Regelverschonung mit einem Verschonungsabschlag von 85% und gemäß § 13a Abs. 8 ErbStG die sogenannte Optionsverschonung mit einem Verschonungsabschlag von 100%. Beide Verschonungsregelungen sind an spezifische Auflagen bezogen auf die Lohnsummenfrist, den Anteil von Verwaltungsvermögen im Unternehmen und die Haltefrist des Erben gebunden.

Nach der Regelverschonung bleibt der Wert von übertragenen Betrieben zu 85% außer Ansatz, sofern der Betrieb „innerhalb von fünf Jahren nach dem Erwerb (Lohnsummenfrist) [durch den Erben] insgesamt 400 Prozent der Ausgangslohnsumme nicht unterschreitet (Mindestlohnsumme). Ausgangslohnsumme ist die durchschnittliche Lohnsumme der letzten fünf vor dem Zeitpunkt der Entstehung der Steuer endenden Wirtschaftsjahre" (Steuergesetze, 2016, S. 859). Das folgende Beispiel soll diese Auflage verdeutlichen: Ein übertragener Betrieb mit einer Ausgangslohnsumme von €100.000 kann nur dann von der Regelverschonung Gebrauch machen, wenn der Betrieb innerhalb der ersten fünf Jahre nach dem Erwerb durch den Erben in der Summe mindestens €400.000 Lohn an seine Beschäftigten zahlt. Dabei ergibt sich die Lohnsumme aus den Bruttogehältern und den Sozialbeiträgen aller Mitarbeiter, die im maßgeblichen Wirtschaftsjahr „ausschließlich oder überwiegend" (Steuergesetze, 2016, S. 860) für den Betrieb arbeiten. Mögliche Bonuszahlungen, Abfindungen oder Sondervergütungen gehen ebenfalls in die Lohnsumme mit ein.

Neben der Lohnsummenfrist ist die Regelverschonung an einen begrenzten Anteil von Verwaltungsvermögen im Betrieb gebunden. Um von der Regelverschonung Gebrauch zu machen und somit bei der Übertragung 85% des Betriebswertes außer Ansatz zu lassen, darf das Verwaltungsvermögen nach § 13b Abs. 2 ErbStG nicht mehr als 50% am Gesamtvermögen des Betriebs ausmachen.

Unter das Verwaltungsvermögen fallen nach § 13b Abs. 2 ErbStG Vermögensarten, die nicht dem Hauptzweck des Betriebes dienen, sich aber im Besitz des Betriebes befinden. Darunter fallen Grundstücke und Bauten, die Dritten zur Nutzung überlassen werden. Darüber hinaus zählen zum Verwaltungsvermögen Anteile des Betriebes an anderen Gesellschaften, sofern der im Besitz des Betriebes befindliche Anteil am Nennkapital der Gesellschaft 25% oder weniger beträgt. Zum Verwaltungsvermögen werden gemäß § 13b Abs. 2 Nr. 3 ErbStG ebenfalls Beteiligungen des Betriebes an Gesellschaften, unabhängig vom prozentualen Grad der Beteiligung gezählt, sofern die betreffenden Gesellschaften selber über einen Verwaltungsvermögenanteil von mehr als 50% verfügen.

Nach § 13b Abs. 2 Nr. 4a ErbStG zählt zum Verwaltungsvermögen ebenfalls „der gemeine Wert des nach Abzug des gemeinen Werts der Schulden verbleibenden Bestands an Zahlungsmitteln, Geschäftsguthaben, Geldforderungen und anderen Forderungen, soweit er 20 Prozent des anzusetzenden Werts des Betriebsvermögens des Betriebs oder der Gesellschaft übersteigt" (Steuergesetze, 2016, S. 865). Der übertragene Betrieb darf demnach nur in begrenztem Maße über liquide Mittel verfügen, welche beispielsweise zur Gewährleistung der Zahlungsfähigkeit des Betriebs gehalten werden.

Von einer erbschaftsteuerlichen Verschonung stets ausgenommen ist sogenanntes junges Verwaltungsvermögen. Dabei handelt es sich nach § 13b Abs. 2 Nr. 1 bis 5 ErbStG um als Verwaltungsvermögen eingestufte Wirtschaftsgüter, die dem Betrieb innerhalb eines Zeitraums von weniger als zwei Jahren vor dem Besteuerungszeitpunkt zugeführt wurden. Bei den nach § 13b Abs. 2 Nr. 4a ErbStG beschriebenen Zahlungsmitteln des Betriebes „ergibt sich die Zurechnung aus dem positiven Saldo der eingelegten und der entnommenen Wirtschaftsgüter" (Steuergesetze, 2016, S. 866).

Als dritte Voraussetzung für die Nutzung der Regelverschonung ist der Erbe nach § 13a Abs. 5 ErbStG an eine Haltefrist von fünf Jahren nach dem Erwerb des Betriebes gebunden.

Während dieses Zeitraums darf der betreffende Betrieb weder ganz noch anteilig verkauft werden. Ein Verkauf wesentlicher Betriebsgrundlagen ist ebenfalls untersagt. Durch eine Geschäftsaufgabe innerhalb von fünf Jahren nach dem Erwerb wird die Haltefrist ebenfalls nicht erfüllt. Gleiches gilt, wenn der Erbe innerhalb des vorgeschriebenen Zeitraums gemäß § 13a Abs. 5 Nr. 3 ErbStG Vermögenswerte aus dem Betrieb entnimmt, welche „die Summe seiner Einlagen und der ihm zuzurechnenden Gewinne oder Gewinnanteile seit dem Erwerb um mehr als 150 000 Euro übersteigen" (Steuergesetze, 2016, S. 861).

Verletzt der Erbe die Haltefrist durch einen der aufgeführten Gründe, so verfällt die Verschonung anteilig nach der verbleibenden Haltefrist. Dabei wird der Verschonungsabschlag anteilig nur für vollständig abgeschlossene Jahre seit dem Erwerb durch den Erben gewährt. Verkauft ein Erbe beispielsweise seinen Betrieb, für den er von der Regelverschonung Gebrauch gemacht hat, zwei Jahre und acht Monate nach der Übertragung, so bleiben lediglich 34% und nicht 85% des Unternehmenswertes außer Ansatz. Da der Erbe den Betrieb insgesamt nur zwei vollständig abgeschlossene Jahre nach dem Erwerb gehalten hat, ergeben sich die 34% aus 2/5 multipliziert mit der Regelverschonung von 85%. Von dieser Regelung ausgenommen ist eine Verletzung der Behaltensfrist durch die vorab beschriebenen Kapitalentnahmen nach § 13a Abs. 5 Nr. 3 ErbStG. Unter diesen Umständen verfällt die erbschaftsteuerliche Verschonung des Betriebes vollständig.

Der Gesetzgeber sieht von einer Nachversteuerung ab, wenn die Erlöse aus dem vollständigen oder anteiligen Verkauf des Betriebes innerhalb von sechs Monaten nach der abgewickelten Veräußerung nachweislich wieder in einen neuen oder bereits bestehenden Betrieb und nicht in Wirtschaftsgüter des Verwaltungsvermögens investiert werden. Erwirbt der Erbe also mit den finanziellen Mitteln aus dem Verkaufserlös eines Geschäftsbereichs innerhalb von sechs Monaten eine neue Maschine oder ein Lagerhaus für einen neuen oder bereits bestehenden Geschäftsbereich, so muss er rückwirkend keine Steuern nachzahlen. In diesem Fall bleibt die Nachversteuerung jedoch nur aus, sofern die Auflagen zur Lohnsummenfrist und dem Verwaltungsvermögen durch die Reinvestition nicht verletzt werden. Investiert der Erbe den Verkaufserlös dagegen in vermietete Immobilien oder hält den Verkaufserlös als Barvermögen, so wird eine anteilige Nachversteuerung fällig.

Alternativ zur Regelverschonung kann der Erbe eines Betriebes nach § 13a Abs. 8 ErbStG von der Optionsverschonung Gebrauch machen, die 100% des erworbenen Betriebswertes außer Ansatz läßt. Aufgrund der höheren Begünstigung im Vergleich zur Regelverschonung ist die Optionsverschonung mit strengeren Auflagen verbunden. So beträgt die Lohnsummenfrist sieben anstelle von fünf Jahren und die innerhalb der Frist zu erreichende Lohnsumme 700% anstelle von 400%. Der vorab zur Veranschaulichung genutzte Betrieb mit einer Ausgangslohnsumme von €100.000 kann demnach nur dann von der Optionsverschonung Gebrauch machen, wenn er innerhalb der ersten sieben Jahre nach dem Erwerb durch den Erben in der Summe mindestens €700.000 Lohn an seine Beschäftigten zahlt.

Die Auflagen für das erlaubte Verwaltungsvermögen und die Haltefrist verschärfen sich bei der Optionsverschonung ebenfalls. So darf das Verwaltungsvermögen anstelle von vormalig 50% nun nicht mehr als 10% am Gesamtvermögen des Betriebes ausmachen. Die Haltefrist verlängert sich von fünf auf sieben Jahre.

Gemäß § 28 Abs. 1 ErbStG wird wie bereits nach der Erbschaftsteuerreform 1974 die Stundung der auf übertragenes Betriebsvermögen zu zahlenden Erbschaftsteuer geregelt. Gegenüber der Fassung des Paragraphen von 1974 ist die Stundung der Erbschaftsteuer nach dem aktuellen Wortlaut über einen Zeitraum von bis zu zehn Jahren möglich. Nach der Fassung des ErbStG von 1974 betrug der Zeitraum maximal sieben Jahre. Darüber hinaus erfolgt die Stundung nach der aktuellen Gesetzgebung „bei Erwerben von Todes wegen (...) zinslos" (Steuergesetze, 2016, S. 875). Bei einem durch eine Erbschaft bedingten Erwerb von Anteilen an einer Kapitalgesellschaft besteht jedoch keine Möglichkeit der Stundung der Steuerlast.

Bezogen auf die nach § 15 ErbStG geregelten Steuerklassen haben sich gegenüber der Gesetzgebung von 1997 in der aktuellen Fassung kaum Veränderungen ergeben. Dem Ehegatten wird nun der Lebenspartner in Steuerklasse 1 gleichgestellt. Diesem Ansatz folgend zählt der „Lebenspartner einer aufgehobenen Lebenspartnerschaft" (Steuergesetze, 2016, S. 868) wie ein geschiedener Ehegatte zur Steuerklasse 2.

Die nach § 16 ErbStG geregelten aktuellen Freibeträge haben sich gegenüber dem Stand von 1997 deutlich erhöht. Diese Entwicklung folgt der ebenfalls deutlichen Erhöhung der Freibeträge zwischen den Reformen von 1974 und 1997. Ehegatten und Lebenspartner erhalten einen Freibetrag von €500.000 und gemäß § 17 ErbStG einen zusätzlichen Versorgungsfreibetrag von €256.000 im Todesfall des Erblassers. Den Kindern des Erblassers und seinen Enkeln, sofern deren Eltern bereits verstorben sind, steht ein Freibetrag von €400.000 zu. Andernfalls steht den Enkeln des Erblassers ein Freibetrag von €200.000 zu. Den Kindern des Erblassers wird, wie dem Ehegatten und dem Lebenspartner, ein zusätzlicher Versorgungsfreibetrag gewährt. Dieser Betrag beläuft sich bei Kindern bis zu einem Alter von fünf Jahren auf €52.000 und reduziert sich schrittweise, je nach Alter des Erben, auf einen Betrag von €10.300 bis zur Vollendung des 27. Lebensjahres. Damit entsprechen die aktuellen

Versorgungsfreibeträge in ihrer Höhe, abgesehen vom Wechsel der Währungen, beinahe den Versorgungsfreibeträgen nach der Reform von 1974.

Die nach § 19 ErbStG geregelten Steuersätze wurden zuletzt im Bundesgesetzblatt (2009) festgelegt und bestehen seither unverändert. Wie bereits nach der Reform von 1997 beträgt die Anzahl der Wertintervalle aktuell sieben. Die Wertgrenzen wurden jedoch an den Währungswechsel angepasst. Die Steuersätze für Klasse 1 haben sich innerhalb der einzelnen Wertintervalle nicht verändert. Die Steuersätze für Klasse 2 sind in jedem Wertintervall um 3% erhöht worden. Dagegen wurden die Steuersätze in Klasse 3 deutlich angepasst. Während nach der Gesetzgebung von 1997 jedes Wertintervall in Klasse 3 noch einen spezifischen Steuersatz zwischen 17% und 50% besaß, wird nach der aktuellen Gesetzgebung nur noch zwischen einem Steuersatz von 30% für die ersten vier Intervalle und einem Steuersatz von 50% für die nachfolgenden drei Intervalle differenziert.

Unverändert begrenzt § 19 Abs. 3 ErbStG den sprunghaften Anstieg beim Überschreiten eines Wertintervalls durch ein Gleitmodell (Abbildung 3-3). Die in Klasse 2 leicht erhöhten und in Klasse 3, abhängig vom Wertintervall, deutlicher erhöhten Steuersätze stellen für Familienunternehmer jedoch keine Schwierigkeit dar. Durch die nach § 19a ErbStG geregelte Tarifbegrenzung werden im Rahmen einer Erbschaft erworbene Betriebsanteile, wie bereits 1997, unabhängig vom Verwandtschaftsverhältnis zwischen Erblasser und Erbe stets mit den Steuersätzen von Klasse 1 belegt (Steuergesetze, 2016).

Wert des steuer-pflichtigen Erwerbs (§ 10) bis einschließlich ... Euro	Prozentsatz in der Steuerklasse		
	I	II	III
75 000	7	15	30
300 000	11	20	30
600 000	15	25	30
6 000 000	19	30	30
13 000 000	23	35	50
26 000 000	27	40	50
über 26 000 000	30	43	50

Abbildung 3-3: Steuersätze nach § 19 ErbStG (Bundesgesetzblatt, 2009)

3.2 Die historische Entwicklung der erbschaftsteuerlichen Bewertungsvorschriften

Die nach dem BewG festgelegten Vorschriften für die Bewertung von übertragenen Betriebsanteilen sind für die Thematik dieser Arbeit von hoher Relevanz. Neben den im vorangegangenen Textabschnitt veranschaulichten Regeln des ErbStG ergibt sich die tatsächliche erbschaftsteuerliche Belastung eines Familienunternehmens nicht nur durch Steuerklassen, Steuersätze, Freibeträge und Verschonungsregelungen, sondern auch immer auf Basis des ermittelten Unternehmenswertes, der sogenannten Bemessungsgrundlage. Das für die Wertermittlung angewandte Bewertungsverfahren hat demnach maßgeblichen Einfluss auf die Erbschaftsteuerbelastung der Unternehmerfamilie. Darüber hinaus sind und waren die Bewertungsvorschriften- und verfahren für Betriebsvermögen der Kern umfangreicher verfassungsrechtlicher Diskussionen im Rahmen der Erbschaftsteuergesetzgebung.

Eine Unternehmensbewertung, wie sie bei Akquisitionen oder einem Gesellschafterwechsel üblich ist, wird vom Gesetzgeber auch zur Ermittlung der Erbschaftsteuer gefordert (Müller, 2008). Dabei umfasst das BewG für die folgenden Vermögensarten unterschiedliche Vorschriften (Steuergesetze, 2016):

1. § 11 BewG: Wertpapiere und Anteile an Kapitalgesellschaften
2. § 33 ff. BewG: Land- und forstwirtschaftliches Vermögen
3. § 68 ff. BewG: Grundvermögen
4. § 95 ff. BewG: Betriebsvermögen

Aufgrund des thematischen Schwerpunkts sowie des begrenzten Umfangs dieser Arbeit wird sich die Erläuterung der Bewertungsverfahren und deren historische Betrachtung auf die Vermögensarten des Betriebsvermögens und der Anteile an Kapitalgesellschaften beschränken.

3.2.1 Bewertungsvorschriften nach der Reform von 1974

Die Bewertung von Betriebsvermögen wird nach der Reform von 1974 in § 12 Abs. 5 ErbStG festgelegt (Bundesgesetzblatt, 1974a). Dieser Paragraph verweist auf die im BewG verankerten Vorschriften. Die Bewertungsgrundsätze für Betriebsvermögen werden nach § 98a BewG wie folgt geregelt: „Der Einheitswert des Betriebsvermögens wird in der Weise ermittelt, daß die Summe der Werte, die für die zu dem gewerblichen Betrieb gehörenden Wirtschaftsgüter

(Rohbetriebsvermögen) ermittelt sind, um die Schulden des Betriebs (...) und der sonstigen nach diesem Gesetz zulässigen Abzüge gekürzt wird" (Bundesgesetzblatt, 1974b, S. 2390).

Durch § 109 BewG wird die Bewertung der unterschiedlichen Bestandteile des Betriebsvermögens festgelegt. Danach werden die zum Betrieb gehörenden Wirtschaftsgüter mit dem nach § 10 BewG definierten Teilwert angesetzt. Als Teilwert gilt „der Betrag, den ein Erwerber des ganzen Unternehmens im Rahmen des Gesamtkaufpreises für das einzelne Wirtschaftsgut ansetzen würde. Dabei ist davon auszugehen, daß der Erwerber das Unternehmen fortführt" (Bundesgesetzblatt, 1974b, S. 2373). Nach § 109 BewG Abs. 2 sind mit einem Einheitswert versehene Wirtschaftsgüter für die Bewertung des Betriebes mit diesem Einheitswert anzusetzen. Nach § 99 BewG werden Grundstücke nur als Teil des Betriebs angesehen und dementsprechend als Betriebsgrundstücke bewertet, wenn sie zu mehr als 50% ihres Wertes dem Betrieb dienen. Ist dies nicht der Fall, wird das gesamte Grundstück dem Grundvermögen zugerechnet und dementsprechend bewertet (Bundesgesetzblatt, 1974b).

Anteile an börsennotierten Kapitalgesellschaften werden nach § 11 Abs. 1 mit dem niedrigsten für die Gesellschaft am Stichtag notierten Kurs bewertet. Für den Fall, dass am Stichtag keine Notierung vorgenommen wurde, gilt der letzte innerhalb eines Zeitraums von 30 Tagen vor dem Stichtag notierte Kurswert (Bundesgesetzblatt, 1974b). Gemäß § 11 Abs. 2 ist bei der Übertragung von nicht börsennotierten Kapitalgesellschaften der gemeine Wert für die erbschaftsteuerliche Bewertung maßgeblich. Nach § 9 BewG wird der gemeine Wert „durch den Preis bestimmt, der im gewöhnlichen Geschäftsverkehr nach der Beschaffenheit des Wirtschaftsgutes bei einer Veräußerung zu erzielen wäre" (Bundesgesetzblatt, 1974b, S. 2372). Für den Fall, dass sich „der gemeine Wert nicht aus Verkäufen ableiten [lässt], die weniger als ein Jahr zurückliegen, so ist er unter Berücksichtigung des Vermögens und der Ertragsaussichten zu schätzen" (Bundesgesetzblatt, 1974b, S. 2373).

3.2.2 Wertermittlung nach dem Stuttgarter Verfahren

Der Wert einer nicht börsennotierten Kapitalgesellschaft ergibt sich, bei einem fehlenden Referenzwert aus Verkäufen des zurückliegenden Jahres, nach Ansicht des Gesetzgebers aus zwei Bestandteilen: Dem bestehenden Vermögen und den Ertragsaussichten der Gesellschaft. Obwohl der Gesetzgeber in der Reform von 1974 kein spezifisches Verfahren zur Wertermittlung vorgibt, bildete das sogenannte Stuttgarter Verfahren bis zum Beschluss des BVerfG vom 7. November 2006 den Grundsatz zur Wertermittlung. Dieses Verfahren wurde seit 1953 für steuerliche Zwecke angewandt und basiert auf einem Erlass der Finanzverwaltung der Stadt Stuttgart (Müller, 2008).

Als Vermögen wird nach dem Stuttgarter Verfahren gemäß R 98 ErbStR 2003 das Reinvermögen betrachtet, welches den Wert aller Wirtschaftsgüter sowie weiterer Aktivapositionen um die Schulden des Unternehmens reduziert. Das so errechnete Vermögen wird nachfolgend ins Verhältnis mit dem Nennkapital des Unternehmens gesetzt. Der sich folglich ergebende Prozentsatz bildet den Vermögenswert (V) und damit den ersten Bestandteil in der Wertermittlung des Stuttgarter Verfahrens (Müller, 2008).

$$Vermögenswert\ (V) = \frac{Vermögen}{Nennkapital} \times 100$$

Besitzt eine GmbH nach einem selbstgewählten Beispiel ein Nennkapital von €400.000 und ein ermitteltes Vermögen von €600.000, so ergibt sich ein Vermögenswert von 150%.

Den zweiten Bestandteil der Wertermittlung bildet gemäß R 99 ErbStR 2003 der sogenannte Ertragshundertsatz, welcher den Wert der zukünftig zu erwartenden Erträge abbilden soll. Um zu verhindern, dass sich die Steuerlast durch subjektive Zukunftsprognosen ergibt, wird als Basis der Berechnung der gewichtete Ertrag des Unternehmens aus den drei Wirtschaftsjahren vor dem Stichtag gewählt. So soll eine Objektivierung der Ertragsaussichten erreicht werden. Der Unternehmensertrag der drei entsprechenden Wirtschaftsjahre wird nach den Vorgaben der §§ 7 und 8 des Körperschaftsteuergesetzes (KStG) ermittelt und jeweils um einmalige Sondereffekte wie Veräußerungsgewinne oder Sonderabschreibungen korrigiert. Ein Abschlag von bis zu 30% auf das Ertragsergebnis wird gemäß R 99 Abs. 2 ErbStR 2003 gestattet, wenn das Ergebnis der Gesellschaft ohne den signifikanten Einsatz von Betriebskapital von der Tätigkeit des Gesellschafter-Geschäftsführers maßgeblich bestimmt wird. Als Beispiele nennt der Gesetzgeber freie Berufe wie die des Steuerberaters oder des Immobilienmaklers.

Die Gewichtung der in den drei Wirtschaftsjahren ermittelten Erträge folgt dem Gebot der gegenwartsnahen Bewertung. So wird das aktuellste Ertragsergebnis mit dem Faktor drei, das nachfolgende Ertragsergebnis mit dem Faktor zwei und das älteste Ertragsergebnis mit dem Faktor eins multipliziert. Die Summe der gewichteten Ertragsergebnisse wird durch sechs geteilt, wodurch sich der gewichtete Jahresertrag des Unternehmens ergibt. Der Ertragshundertsatz (E) als Zielgröße errechnet sich aus dem gewichteten Jahresertrag der drei zugrunde liegenden Wirtschaftsjahre im Verhältnis zum Nennkapital des Unternehmens.

$$Ertragshundertsatz\ (E) = \frac{Jahresertrag}{Nennkapital} \times 100$$

Ergibt aus der Berechnung der einzelnen Ertragsergebnisse ein negativer Jahresertrag, so ist der Ertragshundertsatz gemäß R 99 Abs. 4 ErbStR 2003 mit 0% anzusetzen. Steht dem Betrieb zum Stichtag nach objektiver Einschätzung zeitnah ein Konkurs bevor, wird der Ertragshundertsatz ebenfalls mit 0% angesetzt.

Das selbstgewählte Beispiel der GmbH mit einem Nennkapital von €400.000 soll die Ermittlung des Ertragshundertsatzes veranschaulichen.

Ertragsergebnis 2003: €50.000, multipliziert mit dem Faktor drei	= €150.000
Ertragsergebnis 2002: €40.000, multipliziert mit dem Faktor zwei	= €80.000
Ertragsergebnis 2001: €10.000, multipliziert mit dem Faktor eins	= €10.000
Summe der gewichteten Ertragsergebnisse	= €240.000
Jahresertrag (Summe der gewichteten Ertragsergebnisse dividiert durch sechs)	= €40.000

Der ermittelte Jahresertrag von €40.000 ergibt bei einem Nennkapital von €400.000 einen Ertragshundertsatz von 10%.

Der in einem Prozentsatz ausgedrückte Wert eines Unternehmensanteils (X) ergibt sich nach dem Stuttgarter Verfahren aus der Kombination der vorab beschriebenen Bestandteile. Diesem Vorgehen unterliegt die Annahme, dass ein Käufer des betreffenden Unternehmens nur dann mehr als den Vermögenswert (Reinvermögen) bezahlen würde, wenn die Erträge des Unternehmens die Rendite eines alternativen Investments (i) mit gleichem Kapitaleinsatz über einen vorhersehbaren Zeitraum (T) überschreiten (R 100 ErbStR 2003). Daraus ergibt sich die folgende Gleichung zur Wertermittlung:

$$X = V + T \times (E - \frac{i \times X}{100})$$

Gemäß R 100 ErbStR 2003 legt der Gesetzgeber pauschal einen vorhersehbaren Zeitraum von fünf Jahren und eine Renditeerwartung von 9% fest. Setzt man diese Werte in die Ausgangsgleichung ein, ergibt sich folgende Gleichung zur Wertermittlung:

$$X = V + 5 \times (E - \frac{9 \times X}{100})$$

Aufgelöst nach X ergibt sich im nächsten Schritt:

$$X = 0{,}6897 \times (V + 5 \times E)$$

Der Prozentsatz von 68,97 wird gemäß R 100 ErbStR 2003 auf 68% abgerundet. Setzt man die nach dem selbstgewählten Beispiel der GmbH ermittelten Größen des Vermögenswertes (V=150%) und des Ertragshundertsatzes (E=10%) ein, so ergibt sich folgende Gleichung:

$$X = 0{,}68 \times (150 + 5 \times 10)$$

X beträgt demnach 136%. Die GmbH mit einem Nennkapital von nominal €400.000 hat somit nach dem Stuttgarter Verfahren für erbschaftsteuerliche Zwecke einen Wert von €544.000 (€400.000 multipliziert mit dem Faktor 1,36).

Bis ins Jahr 1992 werden die zur Ermittlung des Vermögenswertes relevanten Wirtschaftsgüter nach dem Teilwertansatz bewertet. Dieser ergibt sich, wie vorab beschrieben, nach den Vorgaben von § 10 BewG und beschreibt den Wert, den ein potentieller Käufer mit der Absicht der Unternehmensfortführung für das Wirtschaftsgut bezahlen würde (Bundesgesetzblatt, 1974b). Im Rahmen des Gesetzes zur Entlastung der Familien und zur Verbesserung der Rahmenbedingungen für Investitionen und Arbeitsplätze (Steueränderungsgesetz) von 1992 beschließt der Gesetzgeber, fortan die Steuerbilanzwerte für die Ermittlung des Vermögenswertes als Ausgangsgröße zu verwenden (Bundesgesetzblatt, 1992).

Nach der Ansicht von Müller (2008) führen die Steuerbilanzwerte als Ausgangsgröße jedoch dazu, dass eine gerechte Verteilung der Erbschaftsteuerlast nicht erreicht wird. Müller (2008) begründet diese Einschätzung durch die unzureichende Ermittlung der mit der Erbschaft verbundenen gesteigerten wirtschaftlichen Leistungsfähigkeit des Erben. Durch die Ermittlung des Vermögenswertes von Unternehmen nach steuerbilanziellen Regelungen ist der Vermögenswert, der Aufstellung der Steuerbilanz folgend, nach dem Vorsichtsprinzip angesetzt. Darüber hinaus ist der endgültige Vermögenswert maßgeblich von der Bilanzpolitik des einzelnen Unternehmens und den Gestaltungsmöglichkeiten der Geschäftsführung in Form von Wahlrechten abhängig (Herzig und Kessler, 1994). So führt die Verwendung von Steuerbilanzwerten nach den Erkenntnissen von Becker und Horn (2005) regelmäßig zu einer Unterbewertung von Betrieben aufgrund der wenig sachgerechten Bemessungsgrundlage.

3.2.3 Bewertungsvorschriften nach der Reform von 2009

Der häufig kritischen Haltung der Wissenschaft gegenüber einer auf Steuerbilanzwerten basierenden Unternehmensbewertung schließt sich auch das BVerfG in seinem Urteil zur Erbschaftsteuer vom 7. November 2006 an. Neben den vorab beschriebenen Verschonungsregelungen für übertragene Unternehmen kommt den entsprechenden Bewertungsvorschriften in der Reform 2009 eine ebenso zentrale Rolle zu. Maßgebliches Bewertungsziel muss nach Ansicht des BVerfG zur Gewährleistung des Gleichheitsgrundsatzes nach Art. 3 Abs. 1 GG der gemeine Wert des Unternehmens sein. Dieses Ziel sieht das BVerfG mit der Verwendung von Steuerbilanzwerten als nicht erreichbar an, da diese „nur zufällig realitätsnah den gemeinen Wert der einzelnen Wirtschaftsgüter treffen" (BVerfG, 2006, S. 22). Konkret begründet das BVerfG die auftretenden Wertdifferenzen, im Einklang mit den Erkenntnissen der Wissenschaft, durch Wahlrechte in der Bilanzpolitik wie Abschreibungsverfahren und die Missachtung von immateriellen Vermögenswerten, sofern diese nicht entgeltlich erworben wurden. Tatsächlich geht das BVerfG in seinem Urteil davon aus, dass „Betriebsvermögen aufgrund der Übernahme der Steuerbilanzwerte ab dem 1. Januar 1993 durchschnittlich nur noch mit rund 45 % (ab Wegfall der Einheitsbewertung für Betriebsgrundstücke [mit] rund 58 %) seines Substanzwerts angesetzt wurde" (BVerfG, 2006, S. 21-22).

So gilt nach der aktuellen Gesetzgebung gemäß § 9 BewG der gemeine Wert als Bewertungsgrundsatz, welcher für Betriebsvermögen in typisierter Form nach § 10 BewG durch den Teilwert und damit den im Geschäftsverkehr zu erzielenden Verkehrswert dargestellt wird. Der Gesetzgebung von 1974 folgend werden börsennotierte Kapitalgesellschaften mit dem niedrigsten Kurswert des Stichtags bewertet. Für nicht börsennotierte Kapitalgesellschaften ist nach § 11 Abs. 2 Satz 2 BewG weiterhin ein Referenzwert durch Verkäufe aus dem zurückliegenden Jahr anzusetzen. Liegt ein solcher Referenzwert aus Verkäufen an Dritte nicht vor, „so ist er unter Berücksichtigung der Ertragsaussichten der Kapitalgesellschaft oder einer anderen anerkannten, auch im gewöhnlichen Geschäftsverkehr für nichtsteuerliche Zwecke üblichen Methode zu ermitteln; dabei ist die Methode anzuwenden, die ein Erwerber der Bemessung des Kaufpreises zu Grunde legen würde. Die Summe der gemeinen Werte der zum Betriebsvermögen gehörenden Wirtschaftsgüter und sonstigen aktiven Ansätze abzüglich der zum Betriebsvermögen gehörenden Schulden und sonstigen Abzüge (Substanzwert) der Gesellschaft darf nicht unterschritten werden" (Steuergesetze, 2016, S. 233). Der Gesetzgeber legt somit die Wahl des angewandten Bewertungsverfahrens in die Hände des Erben, sofern dieses nicht zu offensichtlich falschen und damit im gewöhnlichen Geschäftsverkehr unzulässigen Ergebnissen führt. Dabei bildet der Substanzwert des Betriebsvermögens die zulässige Wertuntergrenze, welche unabhängig des durch den Erben gewählten Bewertungsverfahrens nicht unterschritten werden darf.

3.2.4 Wertermittlung nach dem vereinfachten Ertragswertverfahren

Als vorgeschlagene Bewertungsmethode führt der Gesetzgeber das vereinfachte Ertragswertverfahren ein, welches dem Erben „eine einfache und kostengünstige Möglichkeit" (Kappenberg, 2012, S. 17) zur Wertermittlung bieten soll. Das vereinfachte Ertragswertverfahren ist nach §§ 199-203 BewG geregelt und nutzt als Basis, vergleichbar mit dem Ansatz des Stuttgarter Verfahrens, die Betriebsergebnisse der drei vor dem Stichtag abgelaufenen Wirtschaftsjahre. Den Ausgangswert der jeweiligen Betriebsergebnisse bildet der gemäß § 4 Abs. 1 Satz 1 EStG ermittelte Gewinn. Diesem Gewinn sind Sondereffekte wie außerordentliche Aufwendungen und Sonderabschreibungen sowie der Ertragsteueraufwand hinzuzurechnen. Vom ermittelten Gewinn werden einmalige Veräußerungsgewinne, der Unternehmerlohn, sofern er vorab noch nicht berücksichtigt wurde, und erstattete Ertragsteuern abgezogen. Resultiert aus dieser Berechnung ein positives Betriebsergebnis, so ist dieses nach § 202 Abs. 3 BewG „zur Abgeltung des Ertragsteueraufwands (...) um 30 Prozent zu mindern" (Steuergesetze, 2016, S. 307). Die drei endgültigen Betriebsergebnisse werden summiert, jedoch anders als beim Stuttgarter Verfahren ungewichtet und somit gleichwertig betrachtet. Die folglich entstehende Summe wird zur Ermittlung des sogenannten Jahresertrags durch drei geteilt.

Zur Ermittlung des Ertragswerts wird der Jahresertrag mit dem Kapitalisierungsfaktor multipliziert, welcher nach § 203 BewG definiert ist. Aus einem Basiszins, welcher „der langfristig erzielbaren Rendite öffentlicher Anleihen" (Steuergesetze, 2016, S. 307) entspricht, und einem Zuschlag von 4,5% ergibt sich der Kapitalisierungszins. Der Basiszins wird von der Deutschen Bundesbank für den ersten Börsentag eines Jahres errechnet und gilt für alle Bewertungsstichtage aus dem Jahr der Veröffentlichung. Für 2016 gilt nach der Bekanntmachung des Bundesministeriums der Finanzen (2016) ein Basiszinssatz für das vereinfachte Ertragswertverfahren von 1,10%. Der maßgebende Kapitalisierungsfaktor ergibt sich aus dem Kehrwert des für das entsprechende Jahr berechneten Kapitalisierungszinssatzes.

Tabelle 3-1 veranschaulicht die Unternehmenswertermittlung nach dem vereinfachten Ertragswertverfahren mit dem fiktiven Stichtag der Übertragung des 1. März 2016.

Bewertungsschritt	2013	2014	2015	Stichtag 1. März 2016
Gewinn	€90.000	€100.000	€110.000	
Zuzüglich Sonderabschreibungen	+€9.000	+€10.000	+€11.000	
Zuzüglich Ertragsteueraufwand	+€27.000	+€30.000	+€33.000	
Zwischensumme	€126.000	€140.000	€154.000	
-30% Abgeltung Ertragsteueraufwand	-€37.800	-€42.000	-€46.200	
Betriebsergebnis	**€88.200**	**€98.000**	**€107.800**	
Summe Betriebsergebnisse				€294.000
Jahresertrag (Summe dividiert durch drei)				€98.000
Basiszins 2016				1,10%
Zuschlag				4,50%
Kapitalisierungszins (Basiszins + Zuschlag)				5,60%
Kapitalisierungsfaktor (100 / Kapitalisierungszins)				17,8571
Ertragswert Gesellschaft (Jahresertrag multipliziert mit Kapitalisierungsfaktor)				**€1.749.996**

Tabelle 3-1: Wertermittlung nach dem vereinfachten Ertragswertverfahren

Zusätzlich zu dem ermittelten Ertragswert gehen in die Gesamtbewertung des Unternehmens nach den Vorgaben des vereinfachten Ertragswertverfahrens gemäß § 200 BewG Wirtschaftsgüter und mit diesen Gütern verbundene Schulden ein, die „aus dem zu bewertenden Unternehmen (...) herausgelöst werden können, ohne die eigentliche Unternehmenstätigkeit zu beeinträchtigen (nicht betriebsnotwendiges Vermögen)" (Steuergesetze, 2016, S. 305). Ebenfalls separat in die Gesamtbewertung gehen Beteiligungen des Unternehmens an anderen Gesellschaften ein. Darüber hinaus werden Wirtschaftsgüter und mit diesen Gütern verbundene Schulden, die dem Unternehmen innerhalb eines Zeitraums von zwei Jahren vor dem Stichtag zugeführt wurden, ebenfalls separat betrachtet. Dies gilt unabhängig davon, ob es sich bei den betreffenden Wirtschaftsgütern um betriebsnotwendiges Vermögen handelt oder nicht. Der Gesamtwert des Unternehmens ergibt sich daher aus folgenden Bestandteilen:

Ermittelter Ertragswert des Unternehmens

+ *gemeiner Wert des nicht betriebsnotwendigen Vermögens*

+ *gemeiner Wert von Beteiligungen an anderen Gesellschaften*

+ *gemeiner Wert des jungen Betriebsvermögens (nicht älter als zwei Jahre)*

3.3 Die Erbschaftsteuer in der aktuellen Debatte

In seinem Urteil vom 17. Dezember 2014 bewertet das BVerfG die aktuell geltende Gesetzgebung der Erbschaftsteuer als verfassungswidrig und gibt dem Gesetzgeber in Verbindung mit diesem Urteil bis zum 30. Juni 2016 Zeit, eine Neuregelung der Gesetzgebung vorzunehmen (BVerfG, 2014). In diesem Abschnitt soll die aktuelle Debatte zur Erbschaftsteuer analysiert werden, um einen Vergleich der Positionen beteiligter Akteure zu erreichen. Dabei werden generelle Meinungen zur Thematik der Erbschaftsteuer für Unternehmenserben in Deutschland sowie direkte Reaktionen auf die aktuellen Änderungsvorschläge zur Gesetzgebung der Regierung berücksichtigt. Die Grundlage für diese Analyse bildet eine Erläuterung der Urteilsbegründung.

Wie bereits in vorherigen Urteilen zur Verfassungswidrigkeit der Erbschaftsteuer bildet der Gleichheitsgrundsatz gemäß Art. 3 Abs. 1 GG einen zentralen Diskussionspunkt. Das BVerfG bestätigt seine Entscheidung aus dem Urteil von 2006, wonach bestimmte Vermögensarten zu Lenkungszwecken mit Verschonungsregelungen versehen werden dürfen, solange diese Verschonung hinreichend gerechtfertigt ist und dem Gemeinwohl dient. Im Urteil von 2014 stellt das BVerfG erneut fest, dass mit einem steigenden Ausmaß der Verschonung von der Erbschaftsteuer auch der Anspruch im Hinblick auf die Rechtfertigung steigt (BVerfG, 2014).

Bezogen auf die derzeitige Regelung von §§ 13a und 13b ErbStG sieht das BVerfG das aktuelle Ausmaß der Verschonung jedoch als nicht gerechtfertigt an. Eine weitgehende oder auch vollständige Verschonung von kleinen und mittelständischen Unternehmen steht dem Gesetzgeber grundsätzlich zu, da so der Fortbestand dieser in personaler Verantwortung geführten Unternehmen und die Erhaltung der verbundenen Arbeitsplätze gesichert wird. Übersteigt die Größe der Übertragung von betrieblichem Vermögen jedoch das übliche Ausmaß von kleinen und mittelständischen Unternehmen, so ist eine Verschonung von der Erbschaftsteuer ohne eine Bedürfnisprüfung unverhältnismäßig (BVerfG, 2014).

Eine Bedürfnisprüfung ermittelt, ob das betreffende Unternehmen durch die Erbschaftsteuerlast ohne Verschonungsregelungen tatsächlich in Liquiditätsschwierigkeiten gebracht würde und diese Schwierigkeiten weitere negative Effekte wie den Abbau von Arbeitsplätzen oder einen Rückgang des Investitionsvolumens zur Folge hätten. Darüber hinaus wird geprüft, ob die durch das übertragene Unternehmen entstehende Steuerlast durch andere im Rahmen der Erbschaft übertragene Vermögensarten beglichen werden kann. Ebenfalls ist zu prüfen, ob der Erbe aus seinem bereits vor der Erbschaft bestehenden Privatvermögen die Steuerlast begleichen kann (BVerfG, 2014).

Das BVerfG (2014) bestätigt in seinem Urteil die grundsätzliche Verfassungskonformität der Lohnsummenregelung. Es hält jedoch eine vollständige Verschonung bei der Übertragung von Unternehmen mit bis zu 20 Mitarbeitern für unverhältnismäßig. Diese Einschätzung wird dadurch begründet, dass „weit über 90 % aller Betriebe in Deutschland nicht mehr als 20 Beschäftigte [aufweisen]" (BVerfG, 2014, S. 46). Die Arbeitsplatzerhaltung als eines der maßgeblichen Lenkungsziele der Verschonungsregelungen wird demnach bei einer signifikanten Mehrheit der übertragenen Unternehmen in Deutschland nicht überprüft, obwohl diese von einer vollständigen Verschonung profitieren (BVerfG, 2014). In diesem Zusammenhang führt das BVerfG (2014, S. 54) ein vom Bundesfinanzhof kritisiertes Gestaltungsbeispiel an, welches bezogen auf die Anzahl seiner Anwendungsfälle „über der für eine Beeinflussung der Gesetzeslage relevanten Bagatellgrenze [liegt]" und daher eine Anpassung erfordert. Konkret kann im Vorfeld einer Übertragung ein Unternehmen mit beispielsweise 100 Mitarbeitern in eine Besitzgesellschaft und eine Betriebsgesellschaft aufgeteilt werden. In der Besitzgesellschaft wird der Großteil des Betriebsvermögens konzentriert. Sie beschäftigt jedoch höchstens 20 Mitarbeiter und kann daher steuerfrei übertragen werden. Die verbleibenden 80 Mitarbeiter werden der Betriebsgesellschaft zugeteilt, welche über einen sehr niedrigen Wert an Betriebsvermögen verfügt. Die Einhaltung der Lohnsummenregelung bei der Betriebsgesellschaft kann aufgrund des niedrigen Steuerwerts vernachlässigt werden (BVerfG, 2014).

Darüber hinaus kritisiert das BVerfG (2014) in seinem Urteil die Verschonung von Unternehmen mit einem Verwaltungsvermögensanteil von bis zu 50%. Grundsätzlich bezeichnet das BVerfG (2014) die Unterscheidung zwischen Betriebsvermögen und Verwaltungsvermögen als legitim. Betriebsvermögen ist zu begünstigen, da es produktives Vermögen darstellt, welches Arbeitsplätze schafft und wirtschaftliches Wachstum ermöglicht. Die unter dem Begriff des Verwaltungsvermögens zusammengefassten Vermögensarten dienen dagegen vornehmlich einer risikolosen Renditeerzielung und bewirken nur begrenzt volkswirtschaftliche Leistungen (BVerfG, 2014). Der Gesetzgeber geht davon aus, dass Unternehmen durchschnittlich 15% Verwaltungsvermögen besitzen, welches nicht begünstigungsfähig ist. Daher beträgt der Verschonungsabschlag bei der Regelverschonung 85% vom ermittelten Unternehmenswert. Der vom Gesetzgeber angenommene durchschnittliche Verwaltungsvermögensanteil von 15% muss demnach regulär besteuert werden. Eine Regelverschonung von 85% wird jedoch auch noch gewährt, wenn der Verwaltungsvermögensanteil bis zu 50% beträgt. Nach Ansicht des BVerfG (2014, S. 52) „ist es nicht erklärbar, weshalb (...) auch noch mehr als der dreifache Wert [des durchschnittlich angenommenen Verwaltungsvermögensanteils] ohne weiteres (...) begünstigungsunschädlich übertragen werden kann (...)."

Das BVerfG (2014) ist der Meinung, dass diese großzügige Regelung die Übertragung von Privatvermögen in Unternehmensvermögen zur Ausnutzung der Verschonung begünstigt. Auch der Ausschluss von jungem Verwaltungsvermögen (weniger als zwei Jahre im Unternehmen vorhanden) von der Verschonung stellt für das BVerfG (2014) kein ausreichendes Hindernis zur Ausnutzung dar.

3.3.1 Der aktuelle Gesetzentwurf

Als Reaktion auf das Urteil des BVerfG (2014) veröffentlichte die Bundesregierung am 8. Juli 2015 einen Gesetzentwurf zur Anpassung des ErbStG. Der Gesetzentwurf wurde dem Bundesrat am 14. August 2015 vorgelegt (Drucksache, 2015). Auf der Basis dieses Änderungsvorschlags wird seither in der Politik die neue Ausgestaltung des ErbStG diskutiert.

Der Gesetzentwurf sieht eine strengere Behandlung des Verwaltungsvermögens vor. Grundsätzlich werden nur die im Unternehmen befindlichen Vermögenswerte begünstigt, die ihrem Hauptzweck nach dem Unternehmen dienen. Finanzmittel dürfen zur Begünstigung nach Abzug der Schulden (Nettowert) nicht mehr als 20% des gesamten Betriebsvermögens ausmachen. Nicht begünstigtes Vermögen (Verwaltungsvermögen) wird nur dann begünstigt, wenn es nicht mehr als 10% des begünstigten Vermögens ausmacht. Eine Verschonung in Verbindung mit einem Verwaltungsvermögensanteil von bis zu 50% ist daher nicht mehr möglich. Um missbräuchliche Gestaltungen weiter einzugrenzen, wird der Anteil an begünstigtem Vermögen bei Beteiligungsgesellschaften mit mehrstufigen Unternehmensstrukturen nun stets konsolidiert und nicht mehr auf der Basis der einzelnen Gesellschaften betrachtet (Drucksache, 2015).

Grundsätzlich bestehen für das begünstige Betriebsvermögen weiterhin die *Regelverschonung* von 85% sowie die *Optionsverschonung* von 100%. Der Gesetzentwurf sieht jedoch Anpassungen dieser Ausgangswerte der beiden Verschonungsmodelle in Abhängigkeit von Mitarbeiteranzahl und Unternehmenswert vor. Vollständig verschont werden nach dem Gesetzesentwurf nun nur noch Unternehmen mit höchstens drei Mitarbeitern (vormalig höchstens 20 Mitarbeiter). Für Unternehmen mit mehr als drei Mitarbeitern ist die folgende Abstufung der Verschonungsmodelle vorgesehen (Drucksache, 2015):

- Vier bis zehn Mitarbeiter: *Regelverschonung* (5 Jahre Behaltensfrist und 250% der Ausgangslohnsumme) oder *Optionsverschonung* (7 Jahre Behaltensfrist und 500% der Ausgangslohnsumme)

- Elf bis 15 Mitarbeiter: *Regelverschonung* (5 Jahre Behaltensfrist und 300% der Ausgangslohnsumme) oder *Optionsverschonung* (7 Jahre Behaltensfrist und 565% der Ausgangslohnsumme)

- Mehr als 15 Mitarbeiter: *Regelverschonung* (5 Jahre Behaltensfrist und 400% der Ausgangslohnsumme) oder *Optionsverschonung* (7 Jahre Behaltensfrist und 700% der Ausgangslohnsumme)

Mit zunehmender Mitarbeiteranzahl steigen daher die Anforderungen an die Unternehmen bezogen auf den für die Verschonung notwendigen Arbeitsplatzerhalt. Insgesamt fordert der Gesetzentwurf kleinere Unternehmen im Vergleich zur aktuellen Gesetzgebung stärker, im Ausgleich für die Verschonung von der Erbschaftsteuer Arbeitsplätze zu erhalten. Unter der aktuellen Gesetzgebung gilt zum Vergleich die folgende Auflage (Steuergesetze, 2016):

- Mehr als 20 Mitarbeiter: *Regelverschonung* (5 Jahre Behaltensfrist und 400% der Ausgangslohnsumme) oder *Optionsverschonung* (7 Jahre Behaltensfrist und 700% der Ausgangslohnsumme)

Als weitere Ergänzung sieht der Gesetzentwurf eine Prüfung der Verschonungsbedürftigkeit bei besonders großen Betriebsvermögen vor. Beträgt das ermittelte begünstigte Vermögen mehr als €26 Mio., muss der Erbe im Rahmen der vorab beschriebenen Bedürfnisprüfung belegen, dass das Unternehmen tatsächlich auf die Verschonung angewiesen ist und die Steuerlast auch aus keinen anderen Quellen wie dem Privatvermögen bezahlt werden kann. Die Wertgrenze der Bedürfnisprüfung wird auf €52 Mio. verdoppelt, wenn der Gesellschaftsvertrag des übertragenen Unternehmens für Familienunternehmen typische Entnahmebeschränkungen beinhaltet. Dazu zählen die Beschränkung von Gewinnentnahmen und Ausschüttungen sowie eine Abfindung, die beim Ausscheiden des Erben aus dem Unternehmen deutlich unter dem gemeinen Anteilswert liegt. Zur Anhebung der Wertgrenze auf €52 Mio. müssen die beschriebenen Beschränkungen bereits zehn Jahre vor der

Übertragung im Gesellschaftervertrag enthalten sein und weitere 30 Jahre nach der Übertragung eingehalten werden (Drucksache, 2015).

Lehnt der Erbe eine Bedürfnisprüfung ab, greift das sogenannte Abschmelzmodell. Dieses Modell verringert den gewährten Verschonungsabschlag abhängig vom Wert des begünstigten Vermögens schrittweise. Konkret wird der gewählte Verschonungsabschlag (85% oder 100%) für jede €1,5 Mio. an begünstigtem Vermögen oberhalb der Wertgrenze um 1% verringert. Ab einem Vermögenswert von €116 Mio. endet das Abschmelzmodell mit einem pauschalen Abschlag von 20% für die *Regelverschonung* (Haltefrist 5 Jahre) und 35% für die *Optionsverschonung* (Haltefrist 7 Jahre). Liegen die beschriebenen Entnahmebeschränkungen im Gesellschaftervertrag vor, wird diese Wertgrenze entsprechend um weitere €26 Mio. auf insgesamt €142 Mio. erhöht (Drucksache, 2015).

Mit den drei beschriebenen Anpassungen für das Verwaltungsvermögen, Unternehmen mit wenigen Mitarbeitern und große Betriebsvermögen kommt die Bundesregierung den Hauptkritikpunkten des BVerfG (2014) nach. Insgesamt ergibt sich sowohl für kleine als auch für besonders große Unternehmen nach dem Gesetzentwurf eine stärkere Belastung durch die Erbschaftsteuer. Diese Belastung drückt sich durch niedrigere Verschonungsabschläge im Falle des Abschmelzmodells aus. Durch die Einbeziehung des Privatvermögens in die Bedürfnisprüfung kann sich ebenfalls eine höhere finanzielle Belastung ergeben. Neben der erhöhten Steuerbelastung ergeben sich durch die Neuregelung des Verwaltungsvermögens strengere Vorschriften zur Vermeidung von Gestaltungsmöglichkeiten. Vor allem für Unternehmen mit einer Mitarbeiteranzahl zwischen vier und 20 ergeben sich nach dem Gesetzesentwurf bei der Inanspruchnahme einer Verschonung deutlich strengere Auflagen zur Arbeitsplatzerhaltung als nach der aktuellen Gesetzgebung, welche eine vollständige Verschonung für diese Unternehmen vorsieht.

3.3.2 Die Position der Parteien

Der nachfolgende Textabschnitt umfasst eine Analyse von Positionen der politischen Parteien in Deutschland. Aufgrund des begrenzten Umfangs dieser Arbeit können nur die Meinungen einzelner Parteimitglieder zur aktuellen Debatte um die Erbschaftsteuer und möglichen Reformvorschlägen berücksichtigt werden.

Die CDU drückte nach dem Urteil zur Verfassungswidrigkeit vom 17. Dezember 2014 durch ihren Generalsekretär Peter Tauber das Bestreben aus, bei der Neuregelung die im

Hinblick auf Arbeitsplatzerhaltung sowie Wachstumsimpulse verfügbaren Möglichkeiten für den Mittelstand vollständig auszuschöpfen. Ralph Brinkhaus fügte als stellvertretender Vorsitzender der Fraktion hinzu, dass der Erhalt der einzigartigen deutschen Unternehmensstruktur das maßgebliche Ziel der Neuregelung sein müsse (CDU, 2014). Wolfgang Schäuble machte als Bundesfinanzminister im April 2016 deutlich, dass er Substanzsteuern wie die Erbschaftsteuer als äußerst schädlich ansieht. Daher würden lediglich die vom BVerfG (2014) kritisierten Punkte des ErbStG im Rahmen einer minimalinvasiven Reform von der Bundesregierung angepasst (CDU, 2016).

Markus Söder machte als Finanzminister der CSU nach dem Urteil des BVerfG (2014) deutlich, dass seine Partei eine Erhöhung der Erbschaftsteuer ablehnt und die Nachfolge in einem Familienunternehmen unter keinen Umständen an der Erbschaftsteuer scheitern dürfe (CSU, 2014). In der aktuellen Debatte um die Neuregelung der Erbschaftsteuer setzt sich die CSU innerhalb der Koalition verstärkt für die Interessen von Familienunternehmern ein. Ausgehend vom ursprünglichen Gesetzentwurf konnte die CSU im Februar 2016 vorläufig weitere Erleichterungen aushandeln (Frankfurter Allgemeine Zeitung, 2016). Anstelle einer Anhebung der Wertgrenze bei der Bedürfnisprüfung auf €52 Mio. sollen Familienunternehmen einen Bewertungsabschlag auf das begünstigte Vermögen von maximal 30% erhalten. Im Zusammenhang mit der Bedürfnisprüfung verlangt die CSU, dass bereits vorhandenes Privatvermögen nicht zur Begleichung der Erbschaftsteuer herangezogen werden darf. Darüber hinaus fordert die CSU eine Lockerung der Kriterien, nach denen Familienunternehmen mit Verfügungsbeschränkungen im Gesellschaftsvertrag zusätzlich entlastet werden. Die CSU setzt sich weiterhin für eine Investitionsklausel ein, nach der ursprünglich nicht begünstigtes Vermögen wie beispielsweise Barvermögen verschont wird, solange es innerhalb von drei Jahren nach der Übertragung im Betrieb investiert wird (Reuters, 2016). Diese Investitionsklausel soll verhindern, dass durch die Erbschaftsteuerbelastung das Investitionsvolumen von Familienunternehmen nach einer Übertragung, wie von Tsoutsoura (2015) bei griechischen Familienunternehmen beobachtet, deutlich abfällt. Darüber hinaus soll die Investitionsklausel Familienunternehmen mit saisonal schwankenden Liquiditätsreserven davor schützen, dass ein unvorhergesehener Erbfall zum Zeitpunkt hoher Liquiditätsreserven zu einem unverhältnismäßigen Anstieg der Erbschaftsteuerbelastung führt (Stuttgarter Zeitung, 2016).

Hans Michelbach präsentierte als Sprecher des Wirtschaftsflügels der CSU im März 2016 ein in die Zukunft gerichtetes Flat-Tax-Modell als Alternative zur aktuellen Regelung der Erbschaftsteuer. Nach diesem Modell sollen 3% des Firmengewinns über einen Zeitraum von zehn Jahren als Erbschaftsteuer abgeführt werden. Kleinunternehmen sollen mit einem jährlichen Freibetrag in Höhe von €100.000 auf die Bemessungsgrundlage entlastet werden. Eine Unterscheidung zwischen begünstigtem und nicht begünstigtem Vermögen sieht das Modell nicht vor. Das Betriebsvermögen soll demnach vollständig steuerfrei übertragen werden können, während sich die Erbschaftsteuerbelastung lediglich durch den im Anschluss an die Übertragung erwirtschafteten Gewinn ergibt (CSU, 2016).

Thorsten Schäfer-Gümbel, der stellvertretende Bundesvorsitzende der SPD, begrüßte das Urteil des BVerfG (2014) zur Erbschaftsteuer. Er forderte, dass die Einnahmen der Erbschaftsteuer auf Länderebene durch eine Neuregelung nicht verringert werden dürfen und gleichzeitig eine Gefährdung von Arbeitsplätzen im Mittelstand zu verhindern sei (SPD, 2014). In der Debatte um den aktuellen Gesetzentwurf nimmt die politische Spitze der SPD eine defensive Rolle ein. Nachdem die Eckpunkte des Entwurfs vom Finanzministerium veröffentlicht wurden, forderte der stellvertretende Fraktionsvorsitzende Carsten Schneider keine weiteren Verschärfungen, sondern stellte sich hinter den Ansatz von Wolfgang Schäuble (Der Tagesspiegel, 2015b). In den Bundesländern gehen die Meinungen der Parteimitglieder dagegen deutlich auseinander. Nils Schmid, der Landesvorsitzende der SPD in Baden-Württemberg, forderte einen mittelstandsfreundlichen Freibetrag bis zu einem Unternehmenswert von €100 Mio. sowie eine Bedürfnisprüfung lediglich beim Überschreiten dieser Wertgrenze. Darüber hinaus lehnt er die Einbeziehung des bestehenden Privatvermögens für die Bedürfnisprüfung ab, da so für Erben ein negativer Anreiz entstehe, der einen Verkauf anstelle der Fortführung des Unternehmens wahrscheinlicher mache (Der Tagesspiegel, 2015a). Andere Parteimitglieder der SPD aus finanzschwächeren Ländern kritisierten dagegen den Vorschlag von Nils Schmid. Matthias Kollatz-Ahnen drückte als Finanzsenator von Berlin sein Unverständnis gegenüber großzügigen Regelungen für Unternehmenserben aus (taz, 2015).

Wolfgang Kubicki (FDP) sah das Urteil des BVerfG (2014) als ein positives Zeichen für kleine und mittelgroße Familienunternehmen an, da es die verfassungsgemäße Verschonung dieser Unternehmen bestätige. Gleichzeitig forderte er eine Diskussion über den generellen Wegfall der Erbschaftsteuer, da diese bereits versteuertes Einkommen erneut belaste und so den Aufbau von Vermögen durch Konsumverzicht bestrafe (FDP, 2014). Hermann Otto Solms schlug als Bundesvorstandsmitglied der FDP eine generelle Neukonzeption und Vereinfachung der Erbschaftsteuer vor. Zu seinen Vorschlägen zählt ein Flat-Tax-Modell mit einem Steuersatz von maximal 10% in Verbindung mit weniger Ausnahmeregelungen. Gleichzeitig hält er einen Wegfall der Erbschaftsteuer verbunden mit einer Erhöhung von Abgeltung- und Ertragsteuer für eine sinnvolle Alternative, da das Aufkommen der Erbschaftsteuer in keinem Verhältnis zum erforderlichen Verwaltungsaufwand stehe. Ein weiterer Vorschlag seinerseits sieht einen Wegfall der Erbschaftsteuer auf Betriebsvermögen vor, wenn der Unternehmer nachweisen kann, dass er die normalerweise fälligen Erbschaftsteuerzahlungen vollständig für Investitionen verwendet (FDP, 2015).

Die Vertreter der Partei Bündnis 90/Die Grünen stellen sich die Erbschaftsteuer nach der Neuregelung als Gerechtigkeitssteuer vor. Die Partei fordert einen wirtschaftspolitisch vernünftigen Ansatz der Erbschaftsteuer, durch den Arbeitsplätze, Investitionen und der Fortbestand von Familienunternehmen nicht gefährdet werden. Gleichzeitig verlangen die Parteimitglieder eine Ausgestaltung nach dem Leistungsprinzip. Insbesondere die Erben großer Vermögen sollen einen Beitrag leisten, der ihrer privilegierten Stellung gerecht wird. So würde durch ein aus Erbschaftsteuereinnahmen besser finanziertes Bildungssystem ein gerechter Ausgleich für Kinder ohne Erbe hergestellt werden (Bündnis 90/Die Grünen, 2014). In der Debatte um den Gesetzentwurf kritisiert Lisa Paus, die Parteisprecherin für Steuerpolitik, dass die Erben großer Unternehmensvermögen weiterhin zu großzügig verschont werden, während der Großteil des Erbschaftsteueraufkommens durch die gesellschaftliche Mittelklasse entsteht. Gleichzeitig bewertet sie die zusätzliche Begünstigung für Familienunternehmen mit Verfügungsbeschränkungen im Gesellschaftsvertrag als wirtschaftlich ineffizient, da ein Bindungszeitraum an den Gesellschaftsvertrag von insgesamt 40 Jahren Unternehmer zu sehr einschränke und ein falscher Anreiz für Steuererleichterungen sei. Darüber hinaus hält sie den Gesetzentwurf für erneut verfassungswidrig und daher nur für eine weitere vorübergehende Lösung. Laut Paus schränkt dieser Umstand die Planungs- und Investitionssicherheit der Familienunternehmen massiv ein und führt demnach zu wirtschaftlichen Einbußen (Bündnis 90/Die Grünen, 2015). Die Parteimitglieder Dieter Janecek und Thomas Gambke (2015) sehen in der aktuellen Debatte und dem von der Bundesregierung präsentierten Gesetzentwurf ebenfalls keine Lösung, welche alle Forderungen des BVerfG (2014) erfüllt und gleichzeitig verfassungsfest ist. Sie schlagen daher wie einzelne Mitlgieder aus CSU und FDP ein Flat-Tax-Modell vor. Dieses soll durch eine einheitliche Bemessungsgrundlage ohne Verschonungsregeln eine unkomplizierte und gleichzeitig gerechte Alternative darstellen. In Folge der breiteren Bemessungsgrundlage könnten die Steuersätze insgesamt sinken und unabhängig vom Verwandtschaftsgrad nach der Größe der Erbschaft einheitlich gestaffelt sein. Durch den Wegfall der Lohnsummenregelung wären Familienunternehmen bezogen auf die Steuerbegünstigung nicht mehr von Konjunkturschwankungen abhängig. Mittels längerer

Stundungsregelungen sollen Liquiditätsschwierigkeiten von Familienunternehmen ausgeglichen und somit Arbeitsplätze erhalten werden (Janecek und Gambke, 2015).

Die Partei Die Linke fordert einen deutlichen Anstieg der Erbschaftsteuer, insbesondere bei der Übertragung von Unternehmensanteilen. Nach der Ansicht von Michael Schlecht, dem wirtschaftspolitischen Sprecher der Partei, können auf diese Weise Einnahmen zur Finanzierung des Bildungssystems generiert und gesellschaftliche Ungleichheiten folglich verringert werden. Die Linke hebt die erbschaftsteuerliche Belastung von Betriebsvermögen hervor, da nach Ansicht der Partei in dieser Vermögensart das meiste Kapital in Deutschland gebunden ist. Dementsprechend sei die Besteuerung dieser Vermögensart für eine Umverteilung von Kapital und mehr Chancengleichheit entscheidend (Die Linke, 2015a). Sollte ein Unternehmen durch die Erbschaftsteuer in Liquiditätsschwierigkeiten geraten, können weitgehende Stundungsregelungen nach der Ansicht von Axel Troost, dem finanzpolitischen Sprecher der Partei, Abhilfe leisten und den Fortbestand des Unternehmens gewährleisten. Seiner Ansicht nach schränkt die Begleichung der Erbschaftsteuer aus laufenden Erträgen die Wettbewerbsfähigkeit eines Familienunternehmens im Anschluss an die Nachfolge nicht ein (Die Linke, 2015b). Schlecht hält eine Verschonung von vererbtem Betriebsvermögen nur für angemessen, wenn im Erbfall Unternehmensanteile in Höhe der normalerweise fälligen Erbschaftsteuer auf die Beschäftigten des Betriebes übertragen werden. Dies ist seiner Meinung nach gerechtfertigt, da die Beschäftigten und nicht der Eigner das Unternehmenserbe über Jahrzehnte erarbeitet hätten (Die Linke, 2015a).

In der vorangegangen Analyse einzelner Parteipositionen wird deutlich, wie groß die Uneinigkeit in Bezug auf die zukünftige Erbschaftsteuergesetzgebung innerhalb der deutschen Politik ist. Die vorgeschlagenen Lösungen reichen von einer völligen Abschaffung der Erbschaftsteuer über partielle Änderungen und alternative Steuerkonzepte bis zu Forderungen nach einer deutlichen Erhöhung der Steuerlast für Unternehmenserben. Dabei wird deutlich, dass die Meinungen nicht nur zwischen den Parteien auseinandergehen, sondern auch innerparteilich teilweise grundsätzlich unterschiedliche Forderungen gestellt werden. Häufig drücken die jeweiligen Forderungen auch die Bedeutung von Familienunternehmen in einzelnen Bundesländern aus. Dies wird insbesondere durch die unternehmerfreundlichen Positionen der CSU sowie von Nils Schmid, dem ehemaligen Finanzminister von Baden-Württemberg, deutlich.

3.3.3 Die Einigung zur Reform der Erbschaftsteuer

Nachdem die Bundesregierung am 8. Juli 2015 den vorab beschriebenen Gesetzentwurf zur Reform der Erbschaftsteuer vorgelegt hatte, folgte in den nachfolgenden Monaten eine intensive politische Debatte zur zukünftigen Ausgestaltung des ErbStG. Am 20. Juni 2016 veröffentlichten Wolfgang Schäuble, Sigmar Gabriel und Horst Seehofer eine Einigung zur Reform der Erbschaftsteuer im Hinblick auf das Urteil des BVerfG vom 17. Dezember 2014. Das auf Basis dieser Einigung angepasste ErbStG soll bis zum 8. Juli von Bundestag und Bundesrat verabschiedet werden und rückwirkend ab dem 1. Juli 2016 gelten (Bundesfinanzministerium, 2016). Da die Verabschiedung des Gesetzes nach der Fertigstellung dieser Arbeit vollzogen werden soll, werden nachfolgend die grundlegenden Inhalte der Einigung vom 20. Juni 2016 als Anpassungen des Gesetzentwurfes vom 8. Juli 2015 beschrieben (Bundesfinanzministerium, 2016):

1. Betriebe mit bis zu fünf Mitarbeitern müssen keine Lohnsummenprüfung vollziehen, um Verschonungsregelungen (Regel- und Optionsverschonung) in Anspruch nehmen zu können. Beschäftige Saisonarbeiter werden jedoch nicht zu diesen fünf Mitarbeitern gezählt. Dies soll den bürokratischen Aufwand von kleinen Unternehmen verrringern, der zur Dokumentation von Lohnzahlungen erforderlich ist.
2. Ab einem übertragenen begünstigten Vermögen pro Erbe in Höhe von €26 Mio. fordert der Gesetzgeber eine Bedürfnisprüfung. Die Prüfung ist von jedem Erben, dessen Erbschaft an begünstigtem Vermögen €26 Mio. oder mehr beträgt, zu erfüllen und berücksichtigt dessen individuelle Vermögensverhältnisse. Lehnt der Erbe die Bedürfnisprüfung ab, tritt ein Abschmelzmodell für den gewählten Verschonungsabschlag in Kraft. Der jeweilige Verschonungsabschlag (Regelverschonung 85% und Optionsverschonung 100%) wird für jede zusätzlichen €750.000 an begünstigtem Vermögen, die oberhalb der Wertgrenze liegen, um einen Prozentpunkt verringert. Das Abschmelzmodell endet bei der Regelverschonung ab einem Erwerb in Höhe von €89,75 Mio. und bei der Optionsverschonung ab einem Erwerb in Höhe von €90 Mio. Oberhalb dieser Wertgrenzen wird keine steuerliche Verschonung für begünstigtes Betriebsvermögen gewährt.
3. Der Erbe von begünstigtem Betriebsvermögen hat beim Erwerb von Todes wegen einen Anspruch auf die zinslose Stundung der zu zahlenden Erbschaftsteuer. Die Stundung wird über einen Zeitraum von zehn Jahren und unabhängig von der Größe der Erbschaft gewährt, auch wenn aufgrund der Bedürfnisprüfung keinerlei steuerliche Verschonung

vorgesehen ist. Um die Stundung der Erbschaftsteuer in Anspruch nehmen zu können, muss der Erbe die jeweiligen Auflagen der Haltefrist sowie der Lohnsummenregelung erfüllen. Durch die Stundungsregelung soll verhindert werden, dass ein Unternehmen aufgrund der zu entrichtenden Erbschaftsteuer in seiner Existenz bedroht wird.

4. Um während der anhaltenden Niedrigzinsphase eine Überbewertung auf der Basis des vereinfachten Ertragswertverfahrens zu verhindern, wird der Kapitalisierungsfaktor von momentan 17,86 auf einen Faktor zwischen 10 und 12,5 verringert. So soll eine marktgerechtere Unternehmensbewertung ermöglicht werden, für die nach dem Ertragswertverfahren das durchschnittliche Betriebsergebnis der drei Geschäftsjahre vor der Übertragung mit dem Kapitalisierungsfaktor multipliziert wird.

5. Familienunternehmen, deren Gesellschaftervertrag Verfügungsbeschränkungen hinsichtlich der Anteilsweitergabe enthält, wird ein Abschlag auf den ermittelten Unternehmenswert von maximal 30% gewährt. Der Abschlag kann jedoch nur dann in Anspruch genommen werden, wenn die entsprechenden Verfügungsbeschränkungen bereits zwei Jahre vor der Übertragung bestehen und über einen Zeitraum von 20 Jahren nach der Übertragung eingehalten werden.

6. Das Verwaltungsvermögen eines Unternehmens wird bei einer Übertragung steuerlich prinzipiell nicht begünstigt. Vom gesamten Verwaltungsvermögen des Unternehmens werden jedoch anteilig 10% wie Betriebsvermögen behandelt und können daher begünstigt werden. Ebenso werden 15% der Finanzmittel (Barvermögen und Forderungen) eines Unternehmens zur Gewährleistung der Liquidität steuerlich begünstigt und wie Betriebsvermögen behandelt.

7. Um ein Abfallen der Investitionsquote von Familienunternehmen aufgrund der Erbschaftsteuer zu verhindern, sieht die Einigung eine steuerliche Begünstigung von Finanzmitteln aus dem Erbe vor. Finanzmittel werden begünstigt, wenn sie innerhalb von zwei Jahren nach dem Tod des Erblassers investiert werden und diese Investition dem Willen des Erblassers entspricht.

4 Empirische Analyse

Im nachfolgenden Teil dieser Arbeit soll das Meinungsbild von Familienunternehmen zur Erbschaftsteuer in Deutschland anhand einer empirischen Analyse erforscht werden. Das Ziel dieser Analyse ist es, einen Vergleich mit bisherigen wissenschaftlichen Erkenntnissen aus dem Themenfeld von Familienunternehmen und der Erbschaftsteuer aufzustellen. Darüber hinaus werden nach der Ansicht des Autors bisher unerforschte Fragestellungen und Zusammenhänge aus diesem Themenfeld analysiert. So soll ein besseres Verständnis dafür geschaffen werden, wie die Erbschaftsteuer Familienunternehmen in Deutschland in ihrem wirtschaftlichen Handeln und der Nachfolgeplanung beeinflusst. Über mehrere Regressionsanalysen soll zusätzlich ermittelt werden, welche Einflussfaktoren den Umgang eines Familienunternehmens mit der Erbschaftsteuer bestimmen.

4.1 Entstehung und Distribution des Fragebogens

Die ersten inhaltlichen Schwerpunkte des Fragebogens wurden im Sommer 2015 festgelegt. Für die grundlegenden Elemente des Fragebogens waren der bisherige Kenntnisstand der Wissenschaft, die aktuelle Debatte um die Erbschaftsteuerreform in Deutschland sowie unerforschte Fragestellungen maßgeblich. Nach mehreren Feedbackrunden und vorläufigen Tests mit Familienunternehmern wurde die endgültige Form des Fragebogens im Dezember 2015 beschlossen.

Die Distribution des Fragebogens begann im Januar 2016 und wurde am 27. Mai 2016 abgeschlossen, um ausreichend Zeit für die Auswertung zu gewährleisten. Der Fragebogen wurde in einer Onlineversion sowie in Papierform verteilt. Als Distributionskanäle dienten das Klientennetzwerk der Kanzlei Luther, das Alumni- und Studentennetzwerk der WHU – Otto Beisheim School of Management sowie persönliche Kontakte des Autors. Darüber hinaus wurde der Fragebogen an mehr als 200 Familienunternehmer direkt versendet. Diese wurden im Vorfeld anhand von Verbandsverzeichnissen identifiziert.

Die Ergebnisse des Fragebogens basieren auf den Antworten von insgesamt 75 einzelnen Familienunternehmen. Über die Onlineversion des Fragebogens gingen 72 Antworten ein. Drei Familienunternehmen reichten ihre Antworten auf Papier ein. Zur Auswertung wurden alle 75 eingegangenen Antworten in einer gemeinsamen Datenbank zusammengeführt.

4.2 Aufbau des Fragebogens

Der Fragebogen umfasst eine Einleitung und drei Hauptteile, die jeweils einzelne Unterkategorien besitzen. Der erste Teil beinhaltet Fragen zu allgemeinen Unternehmensinformationen. So kann das teilnehmende Familienunternehmen anhand von Parametern wie Alter, Familienbesitzanteil und der durch die Mitarbeiteranzahl bemessenen Größe eingeordnet werden.

Der zweite Teil des Fragebogens dient dazu, die Ausprägung der beiden Charakteristika Zusammenhalt und Anpassungsfähigkeit innerhalb einer Unternehmerfamilie zu bestimmen. Um den Grad der Ausprägung beider Charakteristika zu ermitteln, werden die von Rieg, Rau und Kellermanns (2015) entwickelten und validierten Skalen verwendet. Über den individuellen Grad der Zustimmung zu sieben mit dem familiären Zusammenhalt verbundenen Aussagen und acht mit der Anpassungsfähigkeit der Familie verbunden Aussagen können Rückschlüsse auf die Verhältnisse innerhalb der Unternehmerfamilie getroffen werden. Auf der Basis dieser Ergebnisse soll ermittelt werden, ob die Ausprägung der Charakteristika Zusammenhalt und Anpassungsfähigkeit den Umgang der Unternehmerfamilie mit der Erbschaftsteuer beeinflusst.

Der dritte Teil des Fragebogens umfasst fünf Unterkategorien, deren Fragen im direkten Zusammenhang mit der Erbschaftsteuer stehen. Die erste Kategorie dient der zeitlichen Einordnung und ermittelt, wann die nächste Unternehmensnachfolge erwartet wird und ob in der Vergangenheit bei der Übertragung von Unternehmensanteilen bereits eine Zahlung der Erbschaftsteuer fällig wurde. In der zweiten Kategorie wird ermittelt, wie aufmerksam aktuelle Entwicklungen der Erbschaftsteuergesetzgebung verfolgt werden. Darüber hinaus wird verglichen, ob es Unterschiede in der Wahrnehmung der Familie und der Wahrnehmung der Entscheidungsträger im Unternehmen bezogen auf die Erbschaftsteuer gibt. In der dritten Kategorie wird analysiert, zu welchem Grad die Erbschaftsteuer als Bedrohung für die Liquidität des Unternehmens, die familieninterne Nachfolge und den Fortbestand wahrgenommen wird. In der vierten Kategorie wird untersucht, wie Familienunternehmer die Auswirkungen der Erbschaftsteuer auf die Attraktivität des Wirtschaftsstandorts Deutschland und auf ihre eigene Wettbewerbsfähigkeit einschätzen. Darüber hinaus wird ermittelt, wie die Haltung der Gesellschaft in der aktuellen Debatte um die Erbschaftsteuer von den Familienunternehmern empfunden wird. In der letzten Kategorie haben die teilnehmenden Familienunternehmer die Möglichkeit, ihrer Ansicht nach wünschenswerte Eckpunkte der Erbschaftsteuergesetzgebung für die Übertragung von Betriebsvermögen auszudrücken.

4.3 Auswertung des Fragebogens

Im ersten Schritt der Auswertung werden anhand der Antworten aus dem ersten Teil des Fragebogens grundlegende Informationen zu den teilnehmenden Familienunternehmen vorgestellt. Im nächsten Schritt werden die direkt mit der Erbschaftsteuer zusammenhängenden Antworten aller 75 Familienunternehmen aus dem dritten Teil des Fragebogens ausgewertet. Im Anschluss an diese deskriptive Auswertung aller Antworten werden mehrere Regressionsanalysen durchgeführt. So wird erforscht, ob Familienunternehmen mit einer bestimmten Ausprägung eines gemeinsamen Merkmals auf eine andere Art und Weise mit der Erbschaftsteuer umgehen als eine Gruppe von Familienunternehmern mit einer veränderten Merkmalsausprägung. Aus den Informationen von Tabelle 4.1 ist zu erkennen, dass die Teilnehmer im Hinblick auf Alter und Mitarbeiteranzahl ein breites Spektrum an Familienunternehmen abbilden.

Information (N=75)	Mittelwert	Standardabweichung	Minimalwert	Maximalwert
1. Alter des Unternehmens (Jahre)	84,87	53,60	14	259
2. Anteil Familienbesitz (%)	95,78	12,64	33	100
3. Teilhabende Familienmitglieder	4,47	11,83	1	100
4. Mitarbeiteranzahl 2013	825,04	3957,89	4	33.000
5. Mitarbeiteranzahl 2014	865,32	4179,62	4	35.000
Information (N=75)	1. Generation	2. Generation	3. Generation	4. Generation
6. Unternehmen im Besitz der Familie seit Generation (%)	18,67	25,33	25,33	30,67
Information (N=75)	Nur Familie	Gemischte Führung		Nur Externe
7. Zusammensetzung Unternehmensführung (%)	60,00	37,33		2,67

Tabelle 4-1: Informationen der teilnehmenden Familienunternehmen

Dieser Umstand ermöglicht eine gute Ausgangssituation für die nachfolgenden Regressionsanalysen. Gleichzeitig verdeutlicht Tabelle 4.1, dass die Teilnehmer des Fragebogens sich nicht nur selber als Familienunternehmer wahrnehmen, sondern auch nach objektiven Kriterien als solche zu bezeichnen sind. Dies bestätigt der hohe durchschnittliche Familienbesitzanteil (95,78%) der Unternehmen und die intensive Einbindung von

Familienmitgliedern in die Unternehmensführung. 97,33% der teilnehmenden Unternehmen verfügen über mindestens ein Familienmitglied in der Unternehmensführung. In 60% der teilnehmenden Unternehmen wird die Führung sogar ausschließlich durch Familienmitglieder übernommen. Tabelle 4.2 bietet einen Überblick zur zeitlichen Einordnung der teilnehmenden Familienunternehmen im Hinblick auf den Generationenwechsel und die Übertragung von Unternehmensanteilen.

Information (N=75)	Noch keine Übertragung	1-5 Jahre	6-10 Jahre	11-15 Jahre	16-20 Jahre	21+ Jahre
26. Voraussichtliche Jahre bis zum Generationenwechsel (%)	n.a.	22,67	37,33	18,67	5,33	16,00
27. Letzte Übertragung von Unternehmensanteilen (%)	18,67	33,33	20,00	6,67	9,33	12,00
28. Nächste geplante Übertragung von Unternehmensanteilen (%)	n.a.	26,67	36,00	18,67	6,67	12,00
Information (N=75)	Ja		Nein		Unsicher	
29. Zahlung von Erbschaftsteuern bei vergangener Übertragung (%)	41,33		58,67		n.a.	
30. Zahlung von Erbschaftsteuern bei zukünftiger Übertragung erwartet (%)	66,67		8,00		25,33	

Tabelle 4-2: Zeitliche Einordnung und Zahlung der Erbschaftsteuer

Auffällig ist, dass die zeitliche Verteilung von voraussichtlichen Generationenwechseln (Frage 26) und zukünftigen Anteilsübertragungen (Frage 28) sehr ähnlich verläuft. Dieser Umstand deutet darauf hin, dass die teilnehmenden Familienunternehmen zukünftige Anteilsübertragungen erst vornehmen wollen, wenn tatsächlich ein Führungswechsel vollzogen wird und die jüngere Generation das Unternehmen übernimmt. Diese vermutete Übereinstimmung von Generationenwechsel und Anteilsübertragung deutet gleichzeitig darauf hin, dass Familienunternehmen verfügbare Freibeträge häufig nicht aktiv und vorausschauend nutzen. Um Erbschaftsteuern zu sparen, könnten Familienunternehmer gemäß §§ 14-16 ErbStG alle zehn Jahre Unternehmensanteile im Wert von jeweils €400.000 an jedes Kind ohne die Berücksichtigung von etwaigen Verschonungsregelungen im Rahmen einer Schenkung steuerfrei übertragen. Befindet sich das Unternehmen im Besitz von Mutter und Vater, so gilt für beide der genannte Freibetrag bei Anteilsübertragungen auf ihre Kinder. Bei zwei Kindern als Unternehmenserben könnten demnach innerhalb von 20 Jahren €1,6 Mio. an Unternehmenswert steuerfrei ohne die Berücksichtigung von Verschonungsregelungen übertragen werden. Ein möglicher Grund für die Nichtbeachtung von Freibeträgen könnte die Befürchtung eines vorgezogenen Kontrollverlusts an die jüngere Generation sein. Über das vollständige Halten von Unternehmensanteilen können Firmenpatriarchen gewährleisten, dass sie bis zu einem von ihnen bestimmten Nachfolgezeitpunkt die volle Entscheidungsmacht im Unternehmen besitzen. Durch das Aufschieben einer Übertragung bis zum endgültigen Generationenwechsel kann der Firmenpatriarch darüber hinaus sicherstellen, dass sich der Unternehmenserbe seiner Ansicht nach für die Nachfolge ausreichend qualifiziert und die Firmenübernahme nicht als selbstverständlich ansieht.

Unabhängig von dieser in die Zukunft gerichteten Vermutung der Übereinstimmung von Generationenwechsel und Anteilsübertragung lassen die Antworten auf Frage 27 erkennen, dass ein Drittel der teilnehmenden Familienunternehmen in den vergangenen fünf Jahren eine Anteilsübertragung vorgenommen hat. Dies ist ein deutlich höherer Wert als für die nachfolgenden Zeitabschnitte. Ein möglicher Grund für den deutlichen Anstieg von Unternehmensübertragungen in den letzten fünf Jahren ist die nach dem Urteil des BVerfG (2014) erwartete Verschärfung des ErbStG für Betriebsvermögen. Viele Familienunternehmer haben daher vorgezogene Übertragungen zu Lebzeiten vorgenommen, um von den aktuell günstigen Verschonungsregelungen zu profitieren. Diese Beobachtung ist übereinstimmend mit den Daten des Statistischen Bundesamtes (2015), das seit 2012 einen deutlichen Anstieg der vorgezogenen Übertragungen von Betriebsvermögen verzeichnet. Der Bundesfinanzhof hatte das BVerfG (2014) bereits im September 2012 mit der Prüfung der Verfassungsmäßigkeit des ErbStG für Betriebsvermögen beauftragt. Dies hat scheinbar zu einer Unsicherheit unter Familienunternehmern im Hinblick auf die zukünftig geltende Gesetzgebung und somit zu vorgezogenen Übertragungen in Verbindung mit den geltenden und großzügigen Regel- oder Optionsverschonungen geführt. Entgegen der sonst zu vermutenden Übereinstimmung von Generationenwechsel und Anteilsübertragung hat die erwartete Verschärfung des ErbStG in Deutschland demnach in den vergangenen Jahren vermehrt zu vorgezogenen Übertragungen geführt, da Familienunternehmer die steigende Erbschaftsteuerlast potentiell für eine größere Bedrohung für den Fortbestand ihres Unternehmens halten als einen möglichen Kontrollverlust an die jüngere Generation. Bach und Thiemann (2016) haben den Anstieg der vorgezogenen Übertragungen von Betriebsvermögen im Zeitraum zwischen 2007 und 2014 auf der Basis von Daten des Statistischen Bundesamtes (2015) grafisch dargestellt. Die negative Erwartungshaltung der Familienunternehmer im Hinblick auf die zukünftige Gesetzgebung bestätigen auch die Antworten zu den Fragen 29 und 30. Demnach haben 41,33% der Unternehmen bei einer vergangenen Anteilsübertragung Erbschaftsteuern gezahlt. In die Zukunft gerichtet erwarten jedoch 66,67% die Zahlung von Erbschaftsteuern bei einer Anteilsübertragung. 25,33% der Teilnehmer sind sich diesbezüglich unsicher und nur 8% gehen davon aus, keine mit dem Unternehmen verbundenen Erbschaftsteuern zahlen zu müssen. Die Unsicherheit bei einem Viertel der Teilnehmer spiegelt eine weitere Gefahr der aktuellen politischen Debatte wider. Die andauernde Uneinigkeit innerhalb der Regierung und das breite Spektrum an diskutierten Alternativen kann die Planungssicherheit von Familienunternehmen gefährden und somit zu Rückstellungen führen, die normalerweise für Investitionen verwendet würden. Tabelle 4.3 gibt den Zustimmungsgrad der teilnehmenden Familienunternehmen im Hinblick auf die mit der Erbschaftsteuer zusammenhängenden Aussagen wider. Basierend auf der gewählten Skale reicht der Zustimmungsgrad dabei von 1 („stimme gar nicht zu") bis 7 („stimme vollständig zu"). Ein hoher Mittelwert drückt demnach einen im Durchschnitt hohen Zustimmungsgrad bezogen auf die jeweilige Aussage aus und vice versa.

In Teil I der Aussagen wird deutlich, dass sowohl die Familie allgemein als auch die eigentlichen Entscheidungsträger aktuelle Entwicklungen um die Erbschaftsteuer aufmerksam und gleichzeitig besorgt verfolgen. Diese Erkenntnis unterstützt die bisherigen Annahmen im Hinblick auf eine erwartete Verschärfung des ErbStG und entsprechende negative Auswirkungen aufgrund einer höheren finanziellen Belastung im Erbfall. Der im Vergleich zu den Entscheidungsträgern (5,13) niedrigere durchschnittliche Kenntnisstand der Familie (4,51) kann durch die weniger intensive Einbindung im Unternehmen aber auch durch das sehr komplexe Regelwerk des ErbStG bedingt sein. Von dieser Unwissenheit geht jedoch insbesondere für die Familie und dementsprechend für die Unternehmenserben eine Gefahr aus, da sie im Erbfall die Steuerlast tragen. Werden die Nachfolger nicht ausreichend von den Entscheidungsträgern auf die steuerlichen Folgen einer Anteilsübertragung vorbereitet, kann dies bei einem unerwartet eintretenden Erbfall zusätzliche Schwierigkeiten herbeiführen. Die negativen Auswirkungen einer mangelnden Fachkenntnis der Unternehmenserben zur Gesetzgebung der Erbschaftsteuer stellten bereits File und Prince (1996) fest.

Teil II der Aussagen verdeutlicht, dass die Erbschaftsteuer als keine ausgeprägte Gefahr für den Familienfrieden wahrgenommen wird (2,79). Dennoch drücken die Familienunternehmer aus, dass die Erbschaftsteuer den Generationenwechsel erschwert (4,60) und auch die Motivation der nachfolgenden Generation von ihr nicht unbeeinflusst bleibt (3,89). Diese Ergebnisse bestätigen die bisherigen Erkenntnisse (Bjuggren und Sund, 2005; Sund und Bjuggren, 2007; Sund, Melin und Haag, 2015).

Information (N=75)	Mittelwert	Standardabweichung
I. Wahrnehmung der Erbschaftsteuer durch Familie und Entscheidungsträger		
32. Die Familie kennt sich mit den Regelungen der Erbschaftsteuer gut aus	4,51	1,58
33. Die Familie verfolgt aktuelle Entwicklungen der Erbschaftsteuer aufmerksam	5,27	1,66
34. Die Familie verfolgt aktuelle Entwicklungen der Erbschaftsteuer mit Besorgnis	5,52	1,72
35. Entscheidungsträger im Unternehmen kennen sich mit den Regelungen der Erbschaftsteuer gut aus	5,13	1,46
36. Entscheidungsträger im Unternehmen verfolgen aktuelle Entwicklungen der Erbschaftsteuer aufmerksam	5,36	1,55
37. Entscheidungsträger im Unternehmen verfolgen aktuelle Entwicklungen der Erbschaftsteuer mit Besorgnis	5,33	1,68
II. Auswirkungen auf Familie und Unternehmen		
38. Die Erbschaftsteuer belastet den Familienfrieden	2,79	1,84
39. Die Erbschaftsteuer erschwert den Generationenwechsel	4,60	2,08
40. Die Erbschaftsteuer verringert die Motivation der nachfolgenden Generation für die Fortführung des Unternehmens	3,89	2,04
41. Die Erbschaftsteuer wird in der Zukunft eine finanzielle Belastung für das Unternehmen darstellen	5,08	1,88
42. Die Erbschaftsteuer gefährdet Arbeitsplätze im Unternehmen	4,16	2,01
43. Die Erbschaftsteuer gefährdet notwendige Investitionen im Unternehmen	4,64	1,94
44. Die Begleichung der Erbschaftsteuer zwingt die nachfolgende Generation zur (Teil-)Liquidation/Veräußerung des Unternehmens	3,40	1,91
45. Die Erbschaftsteuer gefährdet den Fortbestand des Unternehmens	3,39	1,91
III. Auswirkungen auf Staat und Gesellschaft		
46. Die Erbschaftsteuer schadet der Attraktivität des Wirtschaftsstandorts Deutschland	5,51	1,54
47. Die Erbschaftsteuer macht eine Verlagerung des juristischen Unternehmenssitzes ins Ausland wahrscheinlich	3,16	2,06
48. Die Erbschaftsteuer vermindert die Wettbewerbsfähigkeit des Unternehmens	4,61	2,04
49. Die Erbschaftsteuer vermindert die Wettbewerbsfähigkeit des Unternehmens im Vergleich zu Publikumsgesellschaften	4,99	1,91
50. Die Debatte zur Erbschaftsteuer schadet dem Ansehen von Familienunternehmen	4,39	2,01
51. Die Debatte zur Erbschaftsteuer vernachlässigt den gesellschaftlichen Beitrag von Familienunternehmen	5,57	1,63
52. Die Debatte zur Erbschaftsteuer verstärkt die öffentliche Missgunst gegenüber erfolgreichen Familienunternehmen	5,48	1,62
53. Die Debatte zur Erbschaftsteuer beansprucht die gesellschaftliche Verantwortung von Familienunternehmen übermäßig	4,80	1,66

Tabelle 4-3: Einschätzungen zur Erbschaftsteuer

Darüber hinaus verdeutlichen die weiteren Aussagen von Teil II, dass die Erbschaftsteuer für die teilnehmenden Familienunternehmer in die Zukunft gerichtet als finanzielle Belastung wahrgenommen wird (5,08). Dieser Annahme folgend wird ebenfalls ein negativer Effekt auf Arbeitsplätze und Investitionen erwartet. Das Delta zwischen dem Mittelwert für Arbeitsplätze (4,16) und dem Mittelwert für Investitionen (4,64) kann durch die Annahme erklärt werden, dass Familienunternehmer aufgrund ihrer Verbundenheit zur Belegschaft und der sozialen Verantwortung im Fall von Liquiditätsschwierigkeiten eher bereit sind, auf gewinnbringende Investitionen zu verzichten als Mitarbeiter zu entlassen. Diese von den Teilnehmern ausgedrückten negativen Auswirkungen der Erbschaftsteuer auf Liquidität, Arbeitsplätze und Investitionen bestätigen ebenfalls die bisherigen Erkenntnisse der Wissenschaft (Astrachan und Tutterow, 1996; Saposnik, Tompkins und Tutterow, 1996; Ellul, Pagano und Panunzi, 2010; Yakolev und Davies, 2014; Tsoutsoura, 2015).

Trotz der negativen Erwartungshaltung im Hinblick auf die mit der Erbschaftsteuer verbundenen Liquiditätseffekte empfinden die teilnehmenden Familienunternehmer im Durchschnitt keine deutliche Gefahr für den Fortbestand ihres Unternehmens (3,39). Die Erbschaftsteuer wird demnach als eine finanzielle Belastung wahrgenommen, die jedoch tendenziell nicht schwerwiegend genug ist, um eine (Teil-)Liquidation des Unternehmens erforderlich zu machen (3,40). Diese Beobachtung weicht von den Erkenntnissen von Brunetti (2006), Yakolev und Davies (2014) und Tsoutsoura (2015) ab, die einen deutlicheren Zusammenhang zwischen der Erbschaftsteuer und entsprechenden Notverkäufen von Familienunternehmen identifizieren. Ein Grund für die abweichenden Erkenntnisse könnten die vergleichsweise höheren Steuersätze und weniger großzügigen Verschonungsregelungen für Betriebsvermögen zum Zeitpunkt der Forschungen der genannten Autoren in den untersuchten Ländern (USA und Griechenland) sein. Möglicherweise unterschätzen deutsche Familienunternehmen aktuell das potentielle Risiko für ihren Fortbestand, da sie seit der Reform von 2009 durch die Regel- und Optionsverschonung im Erbfall oftmals nur eine niedrige Steuerlast tragen oder sogar vollständig von der Erbschaftsteuer befreit werden.

Teil III der Aussagen drückt aus, dass viele der teilnehmenden Familienunternehmer die Erbschaftsteuer für einen Wettbewerbsnachteil halten (4,61), insbesondere im Vergleich mit Publikumsgesellschaften (4,99). Obwohl die Erbschaftsteuer als Nachteil für den Wirtschaftsstandort Deutschland wahrgenommen wird (5,51), erachten durchschnittlich weniger Familienunternehmer eine Verlagerung ihres Firmensitzes ins Ausland aufgrund der Erbschaftsteuer als wahrscheinlich (3,16). Dies kann sowohl durch die Heimatverbundenheit und die gesellschaftliche Verankerung vieler Familienunternehmen begründet werden als auch durch hohe juristische Hindernisse und internationale Steuerabkommen.

Teil III der Aussagen erforscht ebenfalls erstmals, wie Familienunternehmer ihre Stellung in der aktuellen Debatte um die Reform des ErbStG wahrnehmen. Anhand der hohen Zustimmungsgrade wird deutlich, dass Familienunternehmer ihren bestehenden gesellschaftlichen Beitrag als unterschätzt ansehen (5,57) und aufgrund der Debatte verstärkt Missgunst seitens der Öffentlichkeit gegenüber erfolgreichen Familienunternehmern verspüren (5,48). Die Befindlichkeit und das Gerechtigkeitsgefühl von Familienunternehmern sollte nach Ansicht des Autors in der politischen sowie in der öffentlichen Debatte unter keinen Umständen vernachlässigt werden. Neben der wirtschaftlichen Relevanz sollte daher auch die freiwillige Unterstützung von wohltätigen Zwecken durch Familienunternehmer berücksichtigt werden. Darüber hinaus sollte in der Debatte um eine Reform der Erbschaftsteuer nicht außer Acht gelassen werden, dass ein Unternehmenserbe nicht nur ein Privileg sondern auch eine Bürde darstellt, die Verantwortungsbewusstsein sowie Risikobereitschaft erfordert. Tabelle 4.4 gibt die Aussagen der teilnehmenden Familienunternehmer hinsichtlich einer ihrer Ansicht nach wünschenswerten Ausgestaltung des ErbStG wider.

Information (*N*=64)	Mittelwert	Standardabweichung	Minimalwert	Maximalwert
55. Angemessene Haltefrist für eine vollständige Verschonung (Jahre)	6,99	2,58	0	10
Information (*N*=55)	**Mittelwert**	**Standardabweichung**	**Minimalwert**	**Maximalwert**
56. Angemessene Wertgrenze für Bedürfnisprüfung (Mio. Euro)	120,82	221,80	0	1000
Information (*N*=70)	**Mittelwert**	**Standardabweichung**	**Minimalwert**	**Maximalwert**
57. Akzeptierter Erbschaftsteuersatz ohne Freibeträge und Verschonung (%)	8,79	7,47	0	30
Information (*N*=61, nur Werte >0%)	**Mittelwert**	**Standardabweichung**	**Minimalwert**	**Maximalwert**
57. Akzeptierter Erbschaftsteuersatz ohne Freibeträge und Verschonung (%)	10,09	7,13	1	30

Tabelle 4-4: Wünschenswerte Gesetzgebung

Konkret werden für spezifische Parameter einer möglichen Gesetzgebung Grenzwerte abgefragt, die die Teilnehmer für angemessen erachten. Im Gegensatz zu den übrigen Teilen des Fragebogens ist dieser Abschnitt nicht als Pflichtteil programmiert. Folglich müssen die

Teilnehmer die aufgeführten Fragen nicht beantworten, um den Fragebogen abzuschließen. So wird verhindert, dass Teilnehmer Werte angeben, selbst wenn sie mit einzelnen Parametern nicht vertraut sind. Aus diesem Grund ist die Anzahl der Antworten (*N*) für die Fragen 55-57 niedriger als Gesamtanzahl der Teilnehmer (*N*=75). Darüber hinaus wurden für die Fragen 55 und 56 vereinzelt Maximalwerte angegeben, die stark vom Mittelwert abweichen und fernab einer realistischen Gesetzgebung liegen. Für diese Fälle wird daher angenommen, dass der Teilnehmer seine generelle Ablehnung gegenüber einer Haltefrist bzw. der Bedürfnisprüfung auf diese Weise ausdrücken wollte. Um das Gesamtergebnis durch diese Extremwerte nicht zu verzerren, wurden daher bei Frage 55 die obersten 10% der abgegebenen Werte ausgeschlossen und bei Frage 56 nur Werte bis zu einer Höhe von €1 Mrd. berücksichtigt.

Frage 55 ermittelt eine von den Familienunternehmern als angemessen empfundene Haltefrist der Mitarbeiter für die vollständige Verschonung von der Erbschaftsteuer. Nach der aktuellen Gesetzgebung beträgt die Haltefrist der Optionsverschonung mit einem Verschonungsabschlag von 100% sieben Jahre. Die teilnehmenden Familienunternehmer bewerten im Durchschnitt eine Haltefrist von 6,99 Jahren für angemessen und drücken damit ihr Einverständnis gegenüber der aktuellen Auflage der Optionsverschonung aus. Gleichzeitig verdeutlicht dieser Wert, dass Familienunternehmer dazu bereit sind, im Gegenzug für eine vollständige Verschonung von der Erbschaftsteuer Arbeitsplätze auch über einen längeren Zeitraum zu sichern. Das Privileg der Steuerverschonung wird demnach nicht als selbstverständlich angesehen, sondern vielmehr als eine gerechte Verpflichtung den eigenen Mitarbeitern gegenüber.

Frage 56 testet die Meinung der Familienunternehmer hinsichtlich der im Gesetzentwurf (Drucksache, 2015) vorgeschlagenen Bedürfnisprüfung. Die hohe Standardabweichung (221,80) verdeutlicht, dass diesbezüglich nicht nur innerhalb der Politik sondern auch unter den Familienunternehmern große Uneinigkeit besteht. Der Mittelwert von €120,82 Mio. liegt jedoch deutlich oberhalb der im Gesetzentwurf vorgeschlagenen Wertgrenzen von €26. Mio im Normalfall und €52 Mio. bei Entnahmebeschränkungen im Gesellschaftervertrag. Neben der generellen Diskussion zur Anwendung einer Bedürfnisprüfung in Verbindung mit der Einbeziehung von Privatvermögen bestehen daher große Differenzen hinsichtlich der Frage nach einer angemessenen Wertgrenze.

Frage 57 erforscht die Bereitschaft der teilnehmenden Familienunternehmer im Hinblick auf ein potentielles Flat-Tax-Modell. Dieses Modell würde alle bisherigen Freibeträge und Verschonungsregeln aufheben und dafür die auf das übertragene Betriebsvermögen angewandten Steuersätze reduzieren. Es käme daher zu einer Verbreiterung der Bemessungsgrundlage, die aber aufgrund der niedrigeren Steuersätze nicht notwendigerweise eine Erhöhung der absoluten Steuerlast zur Folge hätte. Nach der aktuellen Gesetzgebung liegen die Steuersätze in Klasse 1 für Erbschaften wie vorab beschrieben zwischen 7% und 30%. Der konkrete Steuersatz hängt dabei von der Größe des übertragenen Vermögens ab. Nach dem Flat-Tax-Modell würde dagegen auf alle Vermögensübertragungen, unabhängig von deren jeweiliger Größe, ein einheitlicher Steuersatz angewandt. Unter Einbeziehung aller abgegebenen Antworten (N=70) halten die teilnehmenden Familienunternehmer im Durchschnitt einen Flat-Tax-Steuersatz von 8,79% für angemessen. Geht man davon aus, dass die Teilnehmer mit einem vorgeschlagenen Wert von 0% das Modell generell ablehnen und schließt diese aus, so ergibt sich ein durchschnittlich akzeptierter und einheitlicher Steuersatz von 10,09% (N=61). Seitens der Politik und von Wirtschaftsexperten wird ebenfalls häufig ein Flat-Tax-Steuersatz von etwa 10% vorgeschlagen (FDP, 2015; Janecek und Gambke, 2015; Bach und Thiemann, 2016). Ausgehend von den Mittelwerten des Fragebogens könnte daher von einem grundsätzlichen Konsens zwischen Wirtschaft und Politik hinsichtlich der Höhe des Flat-Tax-Steuersatzes gesprochen werden. Dennoch stellt das Flat-Tax-Modell einen in seiner Einfachheit geradezu radikalen Gegenvorschlag zur aktuellen Gesetzgebung dar, die mit umfangreichen Verschonungsregelungen darauf abzielt, Gleichberechtigung und Lenkungszwecke miteinander zu vereinen. Da von der Bundesregierung eine minimalinvasive Reform der aktuellen Gesetzgebung angestrebt wird, ist ein Flat-Tax-Modell für die Erbschaftsteuer in Deutschlandd nach Ansicht des Autors in naher Zukunft nicht zu erwarten.

4.3.1 Regressionsanalysen

In diesem Teil der Arbeit sollen anhand von mehreren Regressionsmodellen Zusammenhänge zwischen unterschiedlichen Einfluss- und Zielvariablen ermittelt und anschließend erklärt werden. Als Datenbasis dienen alle gesammelten Fragebögen (N=75). Um zu gewährleisten, dass die Antworten aller 75 Teilnehmer berücksichtigt sind, werden für die Regressionen ausschließlich Variablen verwendet, die durch Pflichtfragen ermittelt wurden. Bei den nachfolgend durchgeführten Regressionen handelt es sich um univariate Regressionen, die den Einfluss einer einzelnen unabhängigen Variable auf eine einzelne abhängige Variable untersuchen. Aufgrund des begrenzten Umfangs der Datenbasis (N=75) werden keine multivariaten Regressionen durchgeführt.

4.3.1.1 Unternehmensalter

Nachfolgend werden Zusammenhänge der Einflussvariable *Unternehmensalter* untersucht, um zu erforschen, ob ältere Familienunternehmen in anderer Weise mit der Erbschaftsteuer umgehen als jüngere Familienunternehmen. Die Einflussvariable *Unternehmensalter* hat einen signifikanten positiven Effekt auf die Zielvariable 44 und auf die Zielvariable 45 (Tabelle 4-5).

N=75	Unabhängige Einflussvariable: *Unternehmensalter*		
Abhängige Zielvariablen	Koeffizient	Standardfehler	p-Wert
44. Die Begleichung der Erbschaftsteuer zwingt die nachfolgende Generation zur (Teil-)Liquidation/ Veräußerung des Unternehmens	0,4195†	0,2181	0,0583
45. Die Erbschaftsteuer gefährdet den Fortbestand des Unternehmens	0,4487*	0,2172	0,0424

Anmerkung: †p<0,10; *p<0,05. Alle Variablen sind standardisiert.

Tabelle 4-5: Regressionen der Einflussvariable *Unternehmensalter*

Demnach bewerten ältere Familienunternehmen die Erbschaftsteuer in der Regel als eine größere Gefahr für ihren Fortbestand als jüngere Familienunternehmen. Ein möglicher Grund für diesen Zusammenhang ist der Umstand, dass ältere Familienunternehmen bereits einen oder auch mehrere Generationenwechsel vollzogen haben und daher das Ausmaß der finanziellen Belastung aufgrund der Erbschaftsteuer realistischer einschätzen können.

Ein weiterer möglicher Grund für diesen Zusammenhang ist die Größe der Gesellschafterkreise, die bei älteren Unternehmen häufig zunimmt. Aufgrund der größeren Anzahl der Gesellschafter kann auch das Risiko von Meinungsdifferenzen steigen. Gerade eine bevorstehende Zahlung der Erbschaftsteuer kann zu einer Glaubensfrage über die Leistungsfähigkeit des Unternehmens werden. Während ein Teil der Gesellschafter das Unternehmen erhalten möchte, kann ein anderer Gesellschafterteil das finanzielle Risiko der Erbschaftsteuer als zu hoch erachten und daher einen Verkauf vorziehen.

Darüber hinaus kann der beobachtete Zusammenhang von *Unternehmensalter* und der Einschätzung zum Fortbestand durch die höhere Verwaltungsvermögensquote von älteren Unternehmen begründet sein. Während junge Unternehmen häufig ihr gesamtes Kapital in betriebsnotwendigen Mittel binden, bauen ältere Unternehmen über die Zeit zusätzliche Vermögensbestände in Form von Wertpapieren oder Grundbesitz auf. Dies erhöht die Verwaltungsvermögensquote, die jedoch für die Nutzung der Verschonungsregelungen möglichst niedrig gehalten werden muss. Ältere Unternehmen mit einer hohen

Verwaltungsvermögensquote könnten somit von einer höheren Erbschaftsteuerbelastung ausgehen als junge Unternehmen mit einer niedrigen Verwaltungsvermögensquote.

4.3.1.2 Unternehmensgröße

Nun werden Zusammenhänge der Einflussvariable *Unternehmensgröße* untersucht, die über die Mitarbeiteranzahl der Teilnehmer definiert wird. Die Einflussvariable *Unternehmensgröße* hat einen signifikanten positiven Effekt auf die Zielvariable 35 (Tabelle 4-6).

N=75	Unabhängige Einflussvariable: *Unternehmensgröße*		
Abhängige Zielvariable	Koeffizient	Standardfehler	p-Wert
35. Entscheidungsträger im Unternehmen kennen sich mit den Regelungen der Erbschaftsteuer gut aus	0,3052†	0,1676	0,0727

Anmerkung: †p<0,10; *p<0,05. Alle Variablen sind standardisiert.

Tabelle 4-6: Regression der Einflussvariable *Unternehmensgröße*

Folglich sind die Entscheidungsträger großer Familienunternehmen hinsichtlich den Regelungen der Erbschaftsteuer besser informiert als die Entscheidungsträger kleinerer Familienunternehmen. Ein entscheidender Grund für diesen Zusammenhang können die finanziellen Ressourcen sein, die großen Familienunternehmen im Hinblick auf die Erbschaftsteuer zur Verfügung stehen. Größere Finanz- und Rechtsabteilungen können relevante Informationen für die Entscheidungsträger aufbereiten und so einfacher einen guten Kenntnisstand gewährleisten. Gleichzeitig sind größere Familienunternehmen in der Lage, durch umfangreiche Beraterbudgets externe Meinungen einzuholen und Gestaltungsmodelle aufwendiger zu planen. Darüber hinaus können die Unterschiede hinsichtlich des Kenntnisstands der Entscheidungsträger dadurch begründet sein, dass kleinere Familienunternehmen eine vollständige Verschonung von der Erbschaftsteuer aufgrund ihrer niedrigen Mitarbeiteranzahl voraussetzen. Dies wäre insbesondere im Hinblick auf den aktuellen Gesetzentwurf ein problematischer Aspekt, da zukünftig nur noch Unternehmen mit bis zu drei Mitarbeitern unabhängig von Auflagen vollständig verschont werden sollen.

4.3.1.3 Zusammenhalt der Unternehmerfamilie

Im nächsten Schritt werden Zusammenhänge mit der Einflussvariable *Zusammenhalt* der Unternehmerfamilie untersucht, welche mittels der von Rieg, Rau und Kellermanns (2015) entwickelten sieben Items definiert wird. Die Einflussvariable *Zusammenhalt* hat einen signifikanten positiven Effekt auf die Zielvariable 32, 33 und 37 (Tabelle 4-7).

N=75	Unabhängige Einflussvariable: *Zusammenhalt*		
Abhängige Zielvariablen	Koeffizient	Standardfehler	p-Wert
32. Die Familie kennt sich mit den Regelungen der Erbschaftsteuer gut aus	0,4320*	0,1779	0,0176
33. Die Familie verfolgt aktuelle Entwicklungen der Erbschaftsteuer aufmerksam	0,3321†	0,1907	0,0858
37. Entscheidungsträger im Unternehmen verfolgen aktuelle Entwicklungen der Erbschaftsteuer mit Besorgnis	0,3232†	0,1929	0,0981

Anmerkung: †p<0,10; *p<0,05. Alle Variablen sind standardisiert.

Tabelle 4-7: Regressionen der Einflussvariable *Zusammenhalt*

Der Zusammenhalt einer Familie wird als emotionale Bindung zwischen den einzelnen Mitgliedern der Familie definiert. Zusammenhalt kann sich durch gemeinsame Interessen sowie durch das Gefühl von familiärer Verbundenheit audrücken (Olson, 2000). Nach den Ergebnissen der durchgeführten Regressionen setzen sich Unternehmerfamilien mit einem hohen Zusammenhalt in der Regel intensiver mit der Erbschaftsteuer auseinander als Unternehmerfamilien mit einem niedrigeren Zusammenhalt. Diese intensive Auseinandersetzung hat einen höheren Kenntnisstand im Hinblick auf einzelne Regelungen sowie auf aktuelle Entwicklungen der Erbschaftsteuer zur Folge. Darüber hinaus verfolgen die Entscheidungsträger aus Unternehmerfamilien mit einem hohen Zusammenhalt aktuelle Entwicklungen der Erbschaftsteuer tendenziell mit mehr Besorgnis.

Ein möglicher Grund für diese Beobachtungen ist der Umstand, dass die Familienmitglieder ihr Unternehmen als ein verbindendes Element wahrnehmen. Die Erbschaftsteuer wird als potentielle Bedrohung für dieses verbindende Element angesehen. Um ihren hohen Zusammenhalt nicht zu gefährden, setzen sich die Familienmitlgieder daher intensiv mit der Erbschaftsteuer sowie mit möglichen Vorkehrungen auseinander.

Die durchschnittlich größere Besorgnis hinsichtlich der Erbschaftsteuer von Entscheidungsträgern in Familienunternehmen mit einem hohen Zusammenhalt lässt sich durch das Risiko der Steuer für die familieninterne Nachfolge erklären. Entscheidungsträger, die in der Regel die ältere Generation einer Unternehmerfamilie bilden, sind gerade bei einem hohen familiären Zusammenhalt daran interessiert, dass die jüngere Generation ihr Unternehmen fortführt. Nachkommen, die über eine starke emotionale Bindung zur älteren Generation verfügen und deren (unternehmerische) Interessen teilen, sind folglich ebenfalls an einer

Fortführung interessiert. Aufgrund dieses gemeinsamen Wunsches der Unternehmensfortführung, der bei einem hohen familiären Zusammenhalt wahrscheinlich ist, stellt die Aussicht auf eine höhere Erbschaftsteuerbelastung demnach für die Entscheidungsträger ein relevantes Risiko dar.

4.3.1.4 Anpassungsfähigkeit der Unternehmerfamilie

Nachfolgend werden Zusammenhänge mit der Einflussvariable *Anpassungsfähigkeit* einer Unternehmerfamilie untersucht. Diese Variable wird mittels der von Rieg, Rau und Kellermanns (2015) entwickelten acht Items definiert. Anhand der durchgeführten Regressionen ist zu erkennen, dass die Einflussvariable *Zusammenhalt* einen signifikanten positiven Effekt auf die Zielvariablen 32, 33, 34, 35, 36 und 37 hat (Tabelle 4-8). Demnach hat die Einflussvariable *Zusammenhalt* einen signifikanten positiven Effekt auf alle Zielvariablen der Kategorie „Wahrnehmung der Erbschaftsteuer durch Familie und Entscheidungsträger".

N=75	Unabhängige Einflussvariable: *Anpassungsfähigkeit*		
Abhängige Zielvariablen	Koeffizient	Standardfehler	p-Wert
32. Die Familie kennt sich mit den Regelungen der Erbschaftsteuer gut aus	0,4072*	0,1787	0,0256
33. Die Familie verfolgt aktuelle Entwicklungen der Erbschaftsteuer aufmerksam	0,3956*	0,1891	0,0399
34. Die Familie verfolgt aktuelle Entwicklungen der Erbschaftsteuer mit Besorgnis	0,3684†	0,1965	0,0649
35. Entscheidungsträger im Unternehmen kennen sich mit den Regelungen der Erbschaftsteuer gut aus	0,3299†	0,1670	0,0520
36. Entscheidungsträger im Unternehmen verfolgen aktuelle Entwicklungen der Erbschaftsteuer aufmerksam	0,3743*	0,1758	0,0366
37. Entscheidungsträger im Unternehmen verfolgen aktuelle Entwicklungen der Erbschaftsteuer mit Besorgnis	0,4337†	0,1899	0,0253

Anmerkung: †p<0,10; *p<0,05. Alle Variablen sind standardisiert.

Tabelle 4-8: Regressionen der Einflussvariable *Anpassungsfähigkeit*

Als Anpassungsfähigkeit wird die Fähigkeit einer Familie definiert, auf interne sowie auf externe Einflüsse mit Veränderungen von Führungsrollen, Rollenverhalten und Regeln reagieren zu können (Olson, 2000). Den Ergebnissen der Regressionen zufolge setzen sich anpassungsfähigere Unternehmerfamilien sowie ihre Entscheidungsträger durchschnittlich intensiver mit der Erbschaftsteuer auseinander und verfolgen diesbezügliche Entwicklungen mit mehr Besorgnis als weniger anpassungsfähige Unternehmerfamilien.

Die intensivere Auseinandersetzung von anpassungsfähigen Unternehmerfamilien sowie ihren Entscheidungsträgern hinsichtlich der Erbschaftsteuer lässt sich durch die familieninternen Veränderungen begründen, die ein optimaler Umgang mit der Erbschaftsteuer erfordern kann. In einer anpassungsfähigen Unternehmerfamilie ist die Führung egalitär gestaltet und Entscheidungen werden, ein angemessenes Alter der Kinder vorausgesetzt, demokratisch getroffen. Diskussionen zur Nachfolge sowie der Erbschaft können offen und unter Einbeziehung aller involvierten Personen geführt werden. Aufgrund dieser Tatsache ist ein anpassungsfähiger Unternehmer bereit, seine Anteile zu einem Zeitpunkt zu übertragen, der eine optimale und somit möglichst niedrige Erbschaftsteuerbelastung zur Folge hat. Auch wenn sich durch die Anteilsübertragung die Machtverhältnisse im Unternehmen verändern, ist er zu diesem Schritt bereit, wenn die Situation es erfordert und eine zusätzliche finanzielle Belastung verhindert werden kann. Zur Ermittlung dieses optimalen Zeitpunkts informiert der anpassungsfähige Unternehmer sich daher fortlaufend über die Erbschaftsteuer und mögliche Änderungen. Da er an einer konstruktiven Diskussion zu diesem Thema interessiert ist, bindet der Unternehmer seine Familie in den Informationsprozess mit ein. Aufgrund der intensiven und kontinuierlichen Auseinandersetzung verfügt die anpassungsfähige Unternehmerfamilie über einen hohen fachlichen Kenntnisstand zur Erbschaftsteuer und verfolgt aktuelle Entwicklungen aufmerksam. Da in der aktuellen Debatte mehrheitlich eine zukünftige Verschärfung des ErbStG für Familienunternehmen kommuniziert wird, ist es verständlich, dass gut informierte Unternehmer und ihre Familien die aktuelle Debatte mit Besorgnis verfolgen.

Das Gegenbeispiel zu diesem Typ einer Unternehmerfamilie stellt ein Patriarch dar, der bis ins hohe Alter die Entscheidungsmacht im Unternehmen bündelt und alle relevanten Prozesse kontrolliert. Um seine Machtposition nicht zu gefährden, unterbindet er offene Diskussionen über die Unternehmensnachfolge und eine optimale Planung der Erbschaft. Durch dieses Verhalten verringert er den familieninternen Austausch zur Erbschaftsteuer passiv oder sogar aktiv, indem er auf Diskussionsansätze von anderen Familienmitgliedern gereizt und ablehnend reagiert. So kann erklärt werden, dass in weniger anpassungsfähigen Unternehmerfamilien sowohl der Entscheidungsträger als auch die Familie in der Regel einen niedrigeren Kenntnisstand zur Erbschaftsteuer sowie zu relevanten aktuellen Entwicklungen besitzen. Es ist darüber hinaus wahrscheinlich, dass aus dieser Unkenntnis auch die auf Basis der Regressionen dokumentierte niedrigere Besorgnis von weniger anpassungsfähigen Unternehmerfamilien hinsichtlich der Erbschaftsteuer resultiert. Da sich Unternehmerfamilien mit diesem Charakteristikum weniger intensiv mit der Erbschaftsteuer auseinandersetzen, verfolgen sie möglicherweise auch die angekündigte Verschärfung des ErbStG nicht eingehend genug. So sind ihnen die potentiell negativen Auswirkungen einer zukünftigen Ausgestaltung des ErbStG aufgrund der familieninternen Tabuisierung von Themen wie Nachfolge und Erbschaft weniger bewusst.

4.3.1.5 Steuerzahlung

Anhand der Einflussvariable *Steuerzahlung* wird untersucht, ob Familienunternehmen, die in der Vergangenheit bei einer Anteilsübertragung eine Erbschaftsteuer zahlen mussten, die Steuer anders wahrnehmen als Familienunternehmen, die bisher noch keine Erbschaftsteuer zahlen mussten. Zur Auswertung werden Dummy-Variablen für die Antworten zur Steuerzahlung (Frage 29) verwendet, wobei Nein einer 0 entspricht und Ja einer 1. Anhand der durchgeführten Regressionen wird deutlich, dass die Einflussvariable *Steuerzahlung* einen signifikanten positiven Effekt auf die Zielvariablen 41, 43, 44 und 45 hat (Tabelle 4-9). Es besteht ebenfalls ein positiver Effekt auf die Zielvariable 42, jedoch nur mit einem von p-Wert von 0,1024.

N=75	Unabhängige Einflussvariable: *Steuerzahlung*		
Abhängige Zielvariablen	**Koeffizient**	**Standardfehler**	**p-Wert**
41. Die Erbschaftsteuer wird in der Zukunft eine finanzielle Belastung für das Unternehmen darstellen	1,0183*	0,4275	0,0198
42. Die Erbschaftsteuer gefährdet Arbeitsplätze im Unternehmen	0,7720	0,4668	0,1024
43. Die Erbschaftsteuer gefährdet notwendige Investitionen im Unternehmen	0,9435*	0,4435	0,0367
44. Die Begleichung der Erbschaftsteuer zwingt die nachfolgende Generation zur (Teil-)Liquidation/ Veräußerung des Unternehmens	1,1321*	0,4310	0,0105
45. Die Erbschaftsteuer gefährdet den Fortbestand des Unternehmens	0,8255†	0,4403	0,0648

Anmerkung: †p<0,10; *p<0,05. Alle Variablen sind standardisiert.

Tabelle 4-9: Regressionen der Einflussvariable *Steuerzahlung*

Nach den Ergebnissen der durchgeführten Regressionen schätzen Familienunternehmen, die bei einer vergangenen Anteilsübertragung bereits eine Erbschaftsteuer zahlen mussten, die finanziellen Auswirkungen der Steuer als deutlich weitreichender und damit negativer ein. Teilnehmende Familienunternehmen, die bei einer vergangenen Übertragung durch eine Verschonungsregelung von der Steuer befreit wurden oder noch keinerlei Übertragungen vorgenommen haben, bewerten die Erbschaftsteuer demnach als eine geringere finanzielle Bedrohung. Diese Beobachtung ermöglicht mehrere Schlussfolgerungen:

Familienunternehmen, die bereits eigene Erfahrungen mit der Erbschaftsteuer gemacht haben, können die tatsächlichen Folgen und das Ausmaß der finanziellen Belastung durch die Erbschaftsteuer genauer einschätzen. Aufgrund ihrer bisherigen Erfahrungen empfinden sie demnach eine Gefahr für Investitionen, Arbeitsplätze und den familieninternen Fortbestand des Unternehmens. Dies verdeutlicht, dass betroffene Familienunternehmen bei einer vergangenen Übertragung negative Auswirkungen durch die Erbschaftsteuer verzeichnet haben und daher das mit der Steuer verbundene Risiko als größer bewerten. Gleichzeitig lassen die Regressionsergebnisse der Einflussvariable *Steuerzahlung* vermuten, dass Familienunternehmen, die bisher noch keine Erbschaftsteuer zahlen mussten, die möglichen Auswirkungen der Steuer aufgrund einer fehlenden Vorerfahrung unterschätzen. Dies kann zum einen Familienunternehmen betreffen, die noch keine Anteilsübertragungen vorgenommen haben. Da sie folglich keine Vorerfahrung mit der Erbschaftsteuer besitzen, fällt es ihnen schwer, die tatsächlichen Auswirkungen der Steuer zu antizipieren. Zum anderen betrifft dieser Umstand Familienunternehmen, die bei einer vergangenen Anteilsübertragung aufgrund von genutzten Verschonungsregelungen von der Erbschaftsteuer befreit wurden. Diesen Unternehmen kann demnach ebenfalls eine relevante Vorerfahrung fehlen, um das tatsächliche Ausmaß der finanziellen Belastung sowie mögliche unternehmerische Konsequenzen einzuschätzen. Zudem ist es möglich, dass diese Familienunternehmen aufgrund der erfolgreichen Verschonung eine erneute Verschonung bei einer zukünftigen Anteilsübertragung voraussetzen. Folglich sehen sie sich weniger von der Erbschaftsteuer betroffen und halten negative Auswirkungen auf ihr Unternehmen in der Zukunft für weniger wahrscheinlich. Gerade im Zusammenhang mit einer möglichen Verschärfung des ErbStG in der Zukunft könnte sich eine solche Annahme als trügerische Sicherheit erweisen, die dazu führt, dass Familienunternehmen die Auswirkungen der Erbschaftsteuer fälschlicherweise unterschätzen und notwendige Vorkehrungen nicht treffen.

4.3.2 Einschränkungen der Forschungsergebnisse

Aufgrund des begrenzten Umfangs der Datenbasis ($N=75$) kann nicht ausgeschlossen werden, dass sich bei einer höheren Teilnehmerzahl einzelne Forschungsergebnisse verändern. Zudem ist es möglich, dass bei einer höheren Teilnehmerzahl weitere statistisch signifikante Forschungsergebnisse entstehen und das Signifikanzniveau der bestehenden Ergebnisse variiert.

5 Experteninterviews

Im Anschluss an die Ergebnisse der empirischen Analyse sollen in diesem Abschnitt der Arbeit anhand von fünf Experteninterviews weitere Praxiseindrücke aus dem Themenfeld von Familienunternehmen und der Erbschaftsteuer gewonnen werden. Die Interviews wurden mit Beratern aus den Fachbereichen Steuern und Vermögensverwaltung im Zeitraum von März bis April 2016 geführt. Das Ziel der Interviews ist es, aus den Arbeitserfahrungen der Experten Rückschlüsse auf den Umgang deutscher Familienunternehmen mit der Erbschaftsteuer zu ziehen. Im Gegensatz zu einer separaten Analyse eines einzelnen Familienunternehmens können die Experten ihre Erfahrungen aus der Beratung von mehreren Klienten bündeln. Aus den Interviews ergeben sich daher Rückschlüsse auf der Basis von aggregierten Erfahrungen, die repräsentativer sind als eine Einzelanalyse.

Um umfangreiche und damit repräsentative Erfahrungswerte der Interviewpartner zu gewährleisten, wurden Experten der vier weltweit größten Wirtschaftsprüfungsgesellschaften (PwC, Deloitte, EY und KPMG) in themenspezifisch relevanten Führungspositionen kontaktiert. Darüber hinaus wurde ein führendes deutsches Multi Family Office kontaktiert, um zusätzliche Eindrücke aus der Vermögensverwaltung von Familienunternehmnern in Verbindung mit Nachfolgeprozessen und der Erbschaftsteuer zu erlangen. Um die Vertraulichkeit der Aussagen zu gewährleisten, wurden die Interviewpartner sowie die jeweilige Firmenzugehörigkeit anonymisiert. Zur Verbesserung des Leseflusses werden anstelle von Platzhaltern (Interviewpartner A) fiktive Namen verwendet.

Die folgende Kurzbeschreibung der Berufsprofile soll dazu dienen, die Aussagen der einzelnen Experten besser einordnen zu können:

1. Frau Neuhaus, Direktorin im Bereich Private Clients und Familienunternehmen
2. Herr Hirsch, Partner und Leiter des Bereichs Private Client Services Tax
3. Herr Christen, Partner und Leiter des Bereichs Private Client Services Tax
4. Herr Stern, Partner und Leiter des Bereichs Private Client Services Tax
5. Frau Becker, Prokuristin und Senior Mandantenbetreuerin (Family Office)

Die Interviews wurden telefonisch geführt und mit dem Einverständnis der Teilnehmer zu Dokumentationszwecken aufgezeichnet. Um eine Vergleichbarkeit der Interviewinhalte zu gewährleisten, wurden jeweils 15 zentrale Fragen diskutiert (siehe Anhang). Darüber hinaus konnten sich individuelle Anschlussfragen sowie zusätzliche Anmerkungen der Interviewpartner ergeben. Die Dauer der Interviews betrug zwischen 47 und 66 Minuten.

Die interviewten Experten betreuen in der Regel mittlere und große Familienunternehmen mit einen jährlichen Umsatzvolumen zwischen €100 und €500 Mio. Die untere Grenze bilden Familienunternehmen mit einem Jahresumsatz im mittleren zweistelligen Millionenbereich. Am oberen Ende des Größenspektrums befinden sich Familienunternehmen mit einem jährlichen Umsatzvolumen von mehreren Milliarden Euro. Dieses breite Spektrum an Unternehmen ermöglicht differenzierte und gleichzeitig repräsentative Beobachtungen.

Alle fünf Interviewpartner stellen fest, dass sich die von ihnen betreuten Familienunternehmer innerhalb der vergangenen drei Jahre intensiver mit der Erbschaftsteuer befassen und aufgrund der anstehenden Reform zukünftig höhere finanzielle Belastungen befürchtet werden. In der Regel verfügt die Generation der Erblasser über einen besseren Kenntnisstand zur Erbschaftsteuer als ihre potentiellen Nachfolger. Herr Stern stellt darüber hinaus fest, dass sich die relevante Rechtsmaterie zunehmend komplexer gestaltet und Familienunternehmer daher zwangsläufig mehr Planungsaufwand betreiben müssen. Dies ist insbesondere bei mehrstufigen Firmenstrukturen und größeren Gesellschafterkreisen der Fall.

Nach den Erfahrungen der Experten werden die Beratungsgespräche zur Erbschaftsteuer und der Übertragung von Unternehmensanteilen vornehmlich von den Erblassern initiiert. In den Gesprächen ist die ältere Generation häufig federführend und bindet die Erben erst spät in die Planung ein. Insbesondere Patriarchen, die das Unternehmen alleine führen, gestalten nach der Erfahrung von Herrn Hirsch Übertragungskonzepte maßgeblich nach ihren eigenen Vorstellungen und ohne eine Einbindung der Erben. Im Sinne des Fortbestands eines Unternehmens kann ein Ausschluss der Erben seiner Ansicht nach sinnvoll sein, wenn diese lediglich finanzielle Interessen verfolgen. Ist die Erbengeneration jedoch daran interessiert, zukünftig eine aktive Rolle in der Unternehmensführung einzunehmen, so sollte sie möglichst zeitnah in die Planung von Anteilsübertragungen und die Gestaltung von Gesellschafterverträgen eingebunden werden. Diesen Standpunkt teilen auch die anderen vier Experten. Darüber hinaus erhöht nach der Ansicht von Frau Neuhaus und Frau Becker eine frühe Einbindung die Akzeptanz der Erben gegenüber den vorgestellten Konzepten deutlich und macht so eine Fortführung des Unternehmens innerhalb der Familie wahrscheinlicher.

Im Hinblick auf die zeitliche Perspektive empfehlen die Experten, eine Übertragung von Unternehmensanteilen möglichst vorausschauend zu planen, um Freibeträge und potenzielle Gestaltungsmöglichkeiten nutzen zu können. Aufgrund der angekündigten Reform des ErbStG und der in diesem Zusammenhang erwarteten Erhöhung der steuerlichen Belastung für übertragenes Betriebsvermögen haben alle fünf Experten in den vergangenen drei Jahren vermehrt vorgezogene Übertragungen begleitet. Dies betrifft sowohl Unternehmen, die bereits vorab Teilübertragungen vorgenommen hatten, als auch Unternehmen, die in der aktuellen Generation noch keinerlei Übertragungen vollzogen hatten. Nach der Ansicht von Frau Neuhaus, Herrn Christen und Herrn Stern ist die Erbschaftsteuer eine entscheidende Einflussgröße in der Nachfolgeplanung eines Familienunternehmens. Die Nachfolge sollte jedoch nicht aus steuerlichen Gründen motiviert sein, da die Tauglichkeit und Motivation des Nachfolgers letztendlich entscheidend sind. Aus diesem Grund können vorgezogene Übertragungen ohne wirksame Rückabwicklungsverträge laut Herrn Hirsch zu Problemen führen, da die Tauglichkeit des Erben möglicherweise zu einem frühen Zeitpunkt nicht ausreichend bemessen werden kann.

Hinsichtlich der Motivation der Erbengeneration auf die Fortführung des Unternehmens sind sich Herr Hirsch und Frau Becker sicher, dass eine stärkere Belastung durch die Erbschaftsteuer im Rahmen der angekündigten Reform zu mehr Verkäufen an externe Eigner führen wird. Ihrer Meinung nach wird die Anzahl der Erben, die einen Verkauf anstelle der Fortführung anstreben, bei einer Erhöhung der Erbschaftsteuerbelastung zunehmen. Der Erlös aus dem Verkauf eines erfolgreichen Unternehmens stelle dann zunehmend eine attraktivere Option gegenüber der Aussicht dar, ein durch die Steuer finanziell belastetes Unternehmen fortzuführen. Herr Stern fügt in diesem Zusammenhang hinzu, dass ein Unternehmenserbe nicht nur eine Chance darstellt, sondern auch ein Risiko, welches mit viel Verantwortung gegenüber den Mitarbeitern aber auch gegenüber dem Lebenswerk der älteren Generation verbunden ist. Die Erbschaftsteuer erhöhe dieses Risiko und kann daher abschreckend wirken.

Unter der aktuellen Regelung des ErbStG konnten in den vergangenen drei Jahren von den Experten betreute Firmen nach eigener Aussage beinahe ausschließlich erbschaftsteuerfrei übertragen werden. Frau Neuhaus stellt fest, dass die derzeitige Form des ErbStG die bisher unternehmerfreundlichste Ausgestaltung darstellt. Nach der Einschätzung von Frau Becker können ihre Klienten gut mit den für die Verschonung zu erfüllenden Auflagen leben und wollen daher an der aktuellen Gesetzgebung festhalten. Herr Christen berichtet, dass unmittelbar nach dem Inkrafttreten des aktuellen ErStG im Jahr 2009 viele Familienunternehmer vorsichtig an die Verschonungsregelungen herangetreten sind. Durch die Nachwirkungen der Finanzkrise gab es in den Jahren 2009 und 2010 seitens der Familienunternehmen Unsicherheiten, ob die Auflagen der Lohnsummenregelung erfüllt werden könnten. Seit 2011 nimmt Herr Christen durch seine Kunden jedoch mehr Vertrauen in die Konjunktur wahr, weshalb viele Unternehmen sich die strengeren Auflagen der Optionsverschonung zutrauen und den Verschonungsabschlag von 100% in Anspruch nehmen.

Sollte es im Rahmen der anstehenden Reform zu einer Erhöhung der Erbschaftsteuerbelastung kommen, sind sich die Experten einig, dass dieser Umstand negative Folgen für deutsche Familienunternehmen hätte. Frau Neuhaus hält es jedoch für schwierig, die genauen Folgen einer strengeren Besteuerung abzuschätzen. Ihrer Meinung nach besteht insbesondere eine Gefahr, wenn innerhalb der Familie kein ausreichendes Privatvermögen vorhanden, sondern das gesamte Vermögen im Unternehmen gebunden ist und daher Unternehmenssubstanz zur Begleichung der Steuer verkauft werden muss. Frau Becker führt diese Befürchtung ebenfalls an. Herr Hirsch hält Teilverkäufe in der Praxis für kaum umsetzbar, da sich für kleinere Beteiligungen eines Unternehmens selten Abnehmer finden, insbesondere wenn diese Beteiligungen aufgrund der Familienverfassung nur an Familienmitglieder weiterverkauft werden dürfen. Vollständige Verkäufe wären daher eine wahrscheinliche Folge der Steuererhöhung. Er hält vor allem größere Mittelständler für gefährdet, da diese sich in einem globalen Wettkampf befinden, häufig mit niedrigen Margen arbeiten und daher keine zusätzliche Liquidität im Unternehmen halten können. Ein Verkauf kann seiner Meinung nach ebenfalls durch Ansprüche des Gesellschafterkreises beeinflusst werden. Benötigt ein Familienunternehmen Kapital für notwendige Investitionen während die Gesellschafter nicht auf regelmäßige Ausschüttungen verzichten wollen, so kann eine drohende Erbschaftsteuer den Verkauf wahrscheinlicher machen, da sie die von den Gesellschaftern geforderten Ausschüttungen zu minimieren droht und Investitionen verhindert.

Herr Christen sieht insbesondere für eigenkapitalstarke Familienunternehmen eine Gefahr, die aus der nach dem Gesetzentwurf strengeren Behandlung von Verwaltungsvermögen resultiert (Drucksache, 2015). Unternehmen, die seit mehreren Generationen bestehen, Vermögen aufgebaut haben und dieses Vermögen als Liquiditätspolster in Form von Barvermögen, Wertpapieren oder Grundbesitz im Unternehmen halten, verfügen über eine hohe Verwaltungsvermögensquote. Nach dem aktuellen Gesetzentwurf soll das Verwaltungsvermögen eines Unternehmens bei der Übertragung von der steuerlichen Begünstigung ausgeschlossen werden. Daher wird es nach der Ansicht von Herrn Christen bei den beschriebenen Unternehmen, von denen er viele betreut, zu Kapitalabflüssen kommen, welche die Liquiditätsreserven folglich verringern. Darüber hinaus sieht er ebenfalls Gefahren bei einem größeren Gesellschafterkreis. Will ein Gesellschafter seine Anteile übertragen und benötigt in der Folge Kapital, muss er zu einer Einigung mit den verbleibenden Gesellschaftern kommen. Ist das Kapital illiquide im Unternehmen gebunden, kann es aufgrund des notwendigen Verkaufs von Wirtschaftsgütern wie beispielsweise Maschinen zu Einschränkungen im operativen Geschäft kommen, unter denen folglich die verbleibenden Gesellschafter leiden.

Herr Stern sieht bei einer höheren Erbschaftsteuerbelastung negative Folgen für größere Investitionsvorhaben, die einen längerfristigen Aufbau von Liquidität erfordern. Diese überschüssige Liquidität würde bei einem unvorhergesehenen Erbfall unter das Verwaltungsvermögen fallen und müsste daher regulär versteuert werden. Darüber hinaus hält er volkswirtschaftlich negative Folgen für wahrscheinlich, da insbesondere große Familienunternehmen nach dem aktuellen Gesetzentwurf stärker belastet werden sollen (Drucksache, 2015). Diese Unternehmen sind seiner Ansicht nach in Deutschland häufig in kapitalintensiven Branchen angesiedelt. Ihr Unternehmenserfolg ist von laufenden Investitionen abhängig, die durch die Erbschaftsteuer eingeschränkt würden. Gerade im Vergleich zu ausländischen Konzernen, die keine zusätzliche finanzielle Last dieser Art tragen, könnten daher seiner Ansicht nach Wettbewerbsnachteile entstehen.

Hinsichtlich des aktuellen Gesetzentwurfs zur Reform des ErbStG sehen die Experten unterschiedliche Kritikpunkte. Frau Neuhaus hält die Wertgrenzen des Abschmelzmodells und der Bedürfnisprüfung für zu niedrig, da eine Bewertung nach dem vereinfachten Ertragswertverfahren aufgrund der aktuellen Niedrigzinsphase häufig zu einer deutlichen Überbewertung von Unternehmen führt. Zwar erlaubt der Gesetzgeber auch die Bewertung nach alternativen Verfahren, wie beispielsweise der DCF-Methode. Nach der Einschätzung von Frau Neuhaus werden solche alternativen Bewertungsansätze von den Finanzverwaltungen jedoch kritisch betrachtet und häufig gegenüber einer Bewertung nach dem vereinfachten Ertragswertverfahren angefochten. Marktgerechtere Bewertungsverfahren sollten daher zukünftig von den Finanzverwaltungen als gleichwertig angesehen werden, um eine Bewertung zum tatsächlichen Verkehrswert des Unternehmens zu ermöglichen. Herr Christen und Frau Neuhaus teilen diese Auffassung und verzeichnen ebenfalls eine deutliche Überbewertung in Folge des aktuell geltenden Kapitalisierungsfaktors von 17,86.

Herr Hirsch sieht insbesondere in den zeitlichen Auflagen für die Gesellschafterverträge von Familienunternehmen einen wesentlichen Kritikpunkt. Seiner Ansicht nach sollte ein Familienunternehmen nicht über insgesamt 40 Jahre lang (zehn Jahre vor der Übertragung und 30 Jahre nach der Übertragung) an einen Gesellschaftervertrag gebunden werden, nur um von zusätzlichen steuerlichen Vorteilen profitieren zu können. Der heutige globale Wettbewerb fordere unternehmerische Freiheiten und Flexibilität, um auf Veränderungen im Wirtschaftsleben reagieren zu können. Darüber hinaus müssen nach der Ansicht von Herrn Hirsch bei der Bewertung von Familienunternehmen zu erbschaftsteuerlichen Zwecken wertmindernde Aspekte wie Verfügungsbeschränkungen stärker berücksichtigt werden. Für Investoren ist ein erfolgreiches Familienunternehmen weniger attraktiv, wenn erworbene Anteile außerhalb der Familie nicht veräußert werden dürfen.

Auch Herr Christen hält die geplanten Anforderungen an den Gesellschaftervertrag von Familienunternehmen für zu eng formuliert. Seiner Ansicht nach wäre nahezu keiner seiner Klienten in der Lage, die geforderte Frist von 40 Jahren zu erfüllen. Herr Christen sieht darüber hinaus die Bedürfnisprüfung für ein ungeeignetes Instrument an, um Erbschaften gerechter zu besteuern. Seiner Einschätzung nach führen Bedürnisprüfungen zu einem substantiellen Anstieg des Verwaltungsaufwands, der die Effizienz der Erbschaftsteuer weiter verringern würde. Daneben eröffnen sich durch die Bedürfnisprüfung vielfältige Gestaltungsmöglichkeiten, die Auswirkungen auf die Struktur einer Erbschaft haben können. Ein Unternehmer mit zwei Kindern könnte sich beispielsweise dazu entscheiden, sein Erbe in Form von Privatvermögen und einem Betrieb nicht gleichmäßig auf die Erben zu verteilen. Damit sein vererbtes Privatvermögen nicht für die Bedürfnisprüfung herangezogen wird, kann er einem Kind ausschließlich Privatvermögen und dem anderen Kind den kompletten Betrieb vererben. Da dem Unternehmenserbe kein zusätzliches Privatvermögen vermacht wird, geht nur der Betrieb in die Bedürfsnisprüfung ein. Eine solche Gestaltung kann jedoch zu familiären Konflikten führen, wenn beide Kinder am Unternehmen beteiligt werden möchten.

Herr Stern hält die Erbschaftsteuer persönlich für überholt, da Steueraufkommen und Verwaltungsaufwand für ihn in Deutschland in keinem sinnvollen Verhältnis zueinander stehen. Zudem ist seiner Erfahrung nach jeder Unternehmer, der etwas aufgebaut hat, in der Vergangenheit ein persönliches Risiko eingegangen, das der Normalbürger nicht eingeht. Nur durch dieses Risiko und dem damit verbundenen Einsatz könnten Überrenditen erzielt werden. Wer für ein unternehmerisches Risiko persönlich haftet, müsse daher belohnt werden. Aus politischer Sicht bewertet Herr Stern die Abschaffung der Erbschaftsteuer jedoch als nicht umsetzbar. Nach seiner Wahrnehmung ermuntert die Allgemeinheit den Gesetzgeber, die Überrenditen von Unternehmern durch Instrumente wie die Erbschaftsteuer abzuschöpfen. Um keine Wählerstimmen zu gefährden, erwartet Herr Stern daher von der Politik eine zukünftige Verschärfung des ErbStG.

Neben den Einschätzungen der Experten zum Gesetzentwurf der Bundesregierung wurde in den Interviews auch ein Flat-Tax-Modell als alternative Erhebungsform der Erbschaftsteuer diskutiert. Obwohl einige der Experten den theoretischen Ansatz eines Flat-Tax-Modells für sinnvoll erachten, wird die Umsetzbarkeit in der Praxis von allen fünf Interviewpartnern aus unterschiedlichen Gründen angezweifelt.

Frau Neuhaus hält einen einheitlichen und niedrigen Steuersatz in Verbindung mit einem Wegfall von Freibeträgen und Verschonungsregelungen für alle vererbten Vermögensarten für keine zukunftsfähige Lösung. Ihrer Ansicht nach führt ein solches Modell zu einer ungerechten Besteuerung von Randgruppen am unteren sowie am oberen Ende von Vermögensübertragungen. Für kleinere Erbschaften ist das Modell negativ, da sie durch den Wegfall von Freibeträgen überhaupt erst eine Erbschaftsteuer zahlen müssten. Für sehr große vererbte (Privat-)Vermögen stellt das Modell dagegen eine Erleichterung dar, da sie mit einem niedrigeren Steuersatz als bisher belastet würden. Aktuell gilt für nicht begünstigte Erbschaften über €26 Mio. je nach Steuerklasse ein Steuersatz von 30%, 43% oder 50% (Bundesgesetzblatt, 2009). Ein Flat-Tax-Modell wird daher laut Frau Neuhaus nicht dem Prinzip der gesteigerten Leistungsfähigkeit durch die individuelle Höhe der Bereicherung gerecht.

Herr Hirsch bewertet den Ansatz eines Flat-Tax-Modells als gut. Er lehnt das Modell aufgrund von einer möglichen schrittweisen Erhöhung des einheitlichen Steuersatzes in der Praxis dennoch ab. Eine Flat-Tax sei nur so lange praktikabel, wie der Steuersatz tatsächlich konstant niedrig gehalten wird. Tatsächlich würden Politiker jedoch dazu neigen, niedrige Steuersätze nach einiger Zeit schrittweise anzuheben. Als Beispiel für diesen Umstand führt Herr Hirsch die Grunderwerbsteuer in Deutschland an, die bis 1982 verbunden mit zahlreichen Ausnahmeregelungen für Regelfälle 7% betrug. Mit der Abschaffung der meisten Ausnahmeregelungen wurde der Steuersatz 1983 auf 2% gesenkt. Ab 1997 wurde der Steuersatz bundesweit auf 3,5% angehoben. Seit dem 1. September 2006 kann der Steuersatz von den Bundesländern individuell festgelegt werden und liegt mittlerweile bei bis zu 6,5%, jedoch ohne umfangreiche Ausnahmeregelungen. Herr Hirsch ist der Ansicht, dass gerade eine großzügige Stundungsregelung zu einer schrittweisen Erhöhung des Steuersatzes führen könnte, da keine direkte Bedrohung für die Unternehmen wahrgenommen wird. Wenn die Flat-Tax konstant gehalten werden könnte, dürfe der Steuersatz maximal 10% betragen. Um signifikante Einschnitte in der operativen Tätigkeit vermeiden zu können, hält Herr Hirsch jedoch, je nach wirtschaftlicher Situation des Unternehmens, einen Steuersatz zwischen 2% und 5% für tragbar. Es dürfe nicht vergessen werden, dass diese Steuerlast von den Unternehmen zusätzlich erwirtschaftet werden muss, so lange keine zusätzliche Liquidität vorhanden ist oder Substanz verkauft wird. Gerade bei größeren Unternehmen entspricht selbst ein relativ niedriger Erbschaftsteuersatz absolut gesehen einer erheblichen Geldmenge.

Herr Christen stellt fest, dass ein Flat-Tax-Modell nur auf den ersten Blick als einfach handhabbar erscheint. In der Praxis wäre ein solches Modell jedoch sehr aufwendig und mit einem hohen Verwaltungsaufwand verbunden. Da momentan etwa 98% der Erbschaften in Deutschland aufgrund von Freibeträgen steuerfrei vollzogen werden, würde die Abschaffung dieser Freibeträge in Verbindung mit einen Flat-Tax-Modell die Zahl der Steuererklärungen und damit auch den Ermittlungsaufwand erheblich steigern. Insbesondere bei einer Erhöhung der Anzahl von kleinen Erbschaften wird sich laut Herrn Christen das Verhältnis von Steueraufkommen und Verwaltungsaufwand weiter verschlechtern und daher auch die Effizienz der Erbschaftsteuer sinken. Abhängig von der tatsächlichen Anzahl der Fälle bezweifelt Herr Christen, dass die aktuellen Verwaltungsstrukturen für die Ermittlung der Erbschaftsteuer ausreichen. Darüber hinaus würde eine Flat-Tax von 10% seiner Ansicht nach zu einer deutlichen Erhöhung des effektiven Steuersatzes führen, sowohl für kleinere private Erbschaften aufgrund des Wegfalls von Freibeträgen, aber auch für Familienunternehmer aufgrund der fehlenden Verschonung. Das folgende Beispiel verdeutlicht diesen Effekt: Ein vererbtes Unternehmen mit einem ermittelten Wert von €10 Mio. wählt die Regelverschonung von 85% und kann alle erforderlichen Auflagen erfüllen. Auf den folglich steuerpflichtigen Erwerb von €1,5 Mio. wird gemäß Steuerklasse 1 ein Steuersatz von 19% erhoben, was einer Steuerbelastung von €285.000 entspricht. Nach dem Flat-Tax-Modell würde die Steuerlast €1 Mio. betragen, was einer effektiven Erhöhung um den Faktor 3,5 entspricht.

Herr Stern hält ein Flat-Tax-Modell aufgrund der politischen Gegebenheiten in Deutschland nicht für umsetzungsfähig. Im Vergleich zur aktuellen Gesetzgebung gäbe es nach einem einheitlichen Flat-Tax-Modell aufgrund der Besteuerung von kleineren Erbschaften mehr Verlierer als Gewinner. Politisch sei eine konsequente Flat-Tax schwer zu verkaufen, da nun alle Erbschaften und nicht nur die besonders großen besteuert würden. Von der Öffentlichkeit wird nach der Ansicht von Herrn Stern jedoch mehrheitlich ein stärkere Besteuerung besonders großer Erbschaften gefordert. Vielen sei aufgrund der Komplexität der Thematik jedoch nicht bewusst, dass es sich bei den von einer Steuererhöhung betroffenen Erbschaften häufig um gebundenes Unternehmensvermögen handelt. Tatsächlich werden laut Herrn Stern große und hochliquide Privatvermögen von einer solchen Erhöhung jedoch weniger getroffen, da diese Vermögen global zirkulieren und einfacher in passenden Strukturen übertragen werden können.

Das eigentliche Ziel einer Steuererhöhung wird daher verfehlt, auch wenn die Öffentlichkeit die stärkere Belastung großer Vermögen als gerecht empfindet. Herr Stern sieht die Schwierigkeit bei der Umsetzung einer Flat-Tax folglich darin begründet, dass sich die politische Botschaft einer stärkeren Erbschaftsteuerbelastung von vermeintlich wohlhabenden Personen einfacher transportieren lässt, als die Diskussion über ein Steuersystem, welches eine einheitliche Besteuerung vorsieht. Diese Problematik bestünde unabhängig davon, welches System effizienter und aus volkswirtschaftlicher Sicht sinnvoller ist. Für den Fall, dass ein Flat-Tax-Modell für die Erbschaftsteuer umsatzbar wäre, hält Herr Stern einen Steuersatz von etwa 1,5% für angemessen. Die Höhe des Steuersatzes sei letztendlich aber von einer Nettobetrachtung abhängig, die das Verhältnis von Steueraufkommen und Verwaltungsaufwand gegenüberstellt. In dieser Hinsicht führt Herr Stern die gleichen Bedenken an, die bereits vorab von Herrn Christen geäußert wurden.

Insgesamt gehen die Experten bei einer zukünftig erhöhten Erbschaftsteuerbelastung von negativen Auswirkungen für Familienunternehmen aus. Konkret könnte sich eine Erhöhung negativ auf die Investitionskraft, den Erhalt von Arbeitsplätzen und damit auf die allgemeine Wettbewerbsfähigkeit von Familienunternehmen auswirken. Aufgrund dieser Aussichten antizipieren die Experten größere Schwierigkeiten bei der familieninternen Nachfolge und vermehrt Unternehmensverkäufe aufgrund der zusätzlichen finanziellen Belastung.

Eine erhöhte Erbschaftsteuerbelastung könnte nach Einschätzung der Experten insbesondere Familienunternehmen treffen, die über kein ausreichendes Privatvermögen zur Begleichung der Steuerlast verfügen. Darüber hinaus könnten nach dem aktuellen Gesetzentwurf ältere und eigenkapitalstarke Familienunternehmen stärker belastet werden, da diese häufig über eine hohe Verwaltungsvermögensquote verfügen. Gerade bei Uneinigkeiten im Gesellschafterkreis gehen die Experten davon aus, dass Unternehmensverkäufe wahrscheinlicher werden.

Der aktuelle Gesetzentwurf wird von den Experten als zu eng formuliert bewertet. Insbesondere die Wertgrenzen der Bedürfnisprüfung und des Abschmelzmodells sowie die Fristen für Gesellschafterverträge werden als kritisch angesehen. Ein Flat-Tax-Modell als Alternative halten die Experten dagegen aufgrund einer häufigen Erhöhung der effektiven Steuerbelastung sowie aufgrund des gesteigerten Verwaltungsaufwands nicht für umsetzbar.

6 Zusammenfassung

6.1 Zusammenfassung der Ergebnisse

Nach den Erkenntnissen dieser Arbeit kann die Erbschaftsteuer signifikante negative Auswirkungen auf Familienunternehmen zur Folge haben. Die Erbschaftsteuer beeinflusst die unternehmerische Motivation, den Geschäftserfolg, das Investitionsverhalten sowie die Nachfolgeplanung eines Familienunternehmens. Das Ausmaß der negativen Folgen wird maßgeblich durch die effektive Höhe der Steuerbelastung, die Liquiditätsreserven der Unternehmerfamilie sowie durch den Kenntnisstand zur Erbschaftsteuer von Erblasser und Erbe im Übertragungszeitpunkt bestimmt. Ein hohes Maß an Zusammenhalt und Anpassungsfähigkeit der Unternehmerfamilie bewirkt eine intensivere Auseinandersetzung mit der Erbschaftsteuer und kann demnach durch vorausschauende Übertragungskonzepte die negativen Folgen der Erbschaftsteuer verringern. Familienunternehmen, die in der Vergangenheit bereits eine Erbschaftsteuer zahlen mussten, schätzen die negativen Folgen der Erbschaftsteuer im Vergleich zu unerfahrenen Familienunternehmen als weitreichender ein. Aufgrund dieser Beobachtung ist davon auszugehen, dass Familienunternehmen die finanziellen Auswirkungen der Erbschaftsteuer bei einer fehlenden Vorerfahrung unterschätzen.

Im historischen Vergleich lässt sich die aktuell geltende Erbschaftsteuergesetzgebung als die bisher unternehmerfreundlichste Regelung bezeichnen. Die historische Entwicklung des ErbStG verdeutlicht darüber hinaus die für die Gestaltung der Erbschaftsteuer vom Gesetzgeber angestrebte Balance zwischen Lekungszwecken zur Förderung des Gemeinwohls und der im Grundgesetz geforderten Gleichbehandlung. Aufgrund des vom BVerfG ausgesprochenen Urteils zur Verfassungswidrigkeit ist zukünftig von einer Verschärfung des ErbStG für Familienunternehmen auszugehen. Experten kritisieren, dass die angekündigte Reform des ErbStG eine höhere finanzielle Belastung für Familienunternehmen zur Folge haben wird. Aufgrund der Bedeutung dieser Unternehmensart in Deutschland sind Nachteile auf gesamtwirtschaftlicher Ebene in der Zukunft daher nicht auszuschließen.

6.2 Wissenschaftliche Implikationen

Die in dieser Arbeit gewonnenen Erkenntnisse stellen eine Erweiterung der bisherigen wissenschaftlichen Literatur zu den Auswirkungen der Erbschaftsteuer auf das wirtschaftliche Handeln und die Nachfolge von Familienunternehmen dar. In der Zukunft können zusätzliche Zusammenhänge erforscht werden, indem die in dieser Arbeit angewandten Forschungsansätze auf der Basis einer größeren Teilnehmerzahl überprüft werden. Aus wissenschaftlicher Sicht wäre es darüber hinaus wertvoll, die angewandten Forschungsansätze in einem internationalen Kontext zu untersuchen. Auf diese Weise könnte ermittelt werden, wie die individuelle Erbschaftsteuergesetzgebung eines Landes Familienunternehmen im Vergleich zur Situation in anderen Ländern beeinflusst. Zudem bietet die geplante Reform der Erbschaftsteuer in Deutschland die Möglichkeit, die Auswirkungen des veränderten ErbStG auf Familienunternehmen im Vergleich zu der aktuell geltenden Fassung empirisch zu analysieren.

6.3 Praktische Implikationen

Anhand der Erkenntnisse dieser Arbeit ergeben sich für Familienunternehmen sowie für den Gesetzgeber wesentliche praktische Implikationen. Für Familienunternehmen stellt die Erbschaftsteuer ein finanzielles Risiko dar, welches den Geschäftserfolg, die familieninterne Nachfolge und den Fortbestand des Unternehmens gefährden kann. Um die negativen Auswirkungen der Erbschaftsteuer auf das eigene Unternehmen zu minimieren, sollten sich Familienunternehmer fortlaufend über relevante gesetzliche Regelungen informieren. Durch einen sicheren Kenntnisstand zur Erbschaftsteuer können Familienunternehmen die Übertragung von Unternehmensanteilen vorausschauend planen und folglich Freibeträge sowie Verschonungsregelungen aktiv nutzen. Darüber hinaus befähigt eine intensive Auseinandersetzung mit der Erbschaftsteuer den Familienunternehmer, das Ausmaß der finanziellen Belastung sowie mögliche Konsequenzen wirklichkeitsnah einzuschätzen. Auf der Basis dieser Einschätzungen können Vorkehrungen getroffen werden, um eine untragbare Liquiditätsbelastung des Unternehmens durch die Erbschaftsteuer zu verhindern. Um die Übertragung von Unternehmensanteilen erfolgreich und nachhaltig zu gestalten, ist es darüber hinaus essentiell, die Unternehmenserben frühzeitig in den Planungsprozess einzubinden. So kann die Akzeptanz hinsichtlich der Übertragungspläne gewährleistet und eine Überforderung der Nachfolger bei einem unvorhergesehenen Erbfall vermieden werden.

Im Hinblick auf den Gesetzgeber ermöglichen die Erkenntnisse dieser Arbeit ebenfalls wesentliche Implikationen. Die erforschten negativen Auswirkungen einer hohen Erbschaftsteuerbelastung für Familienunternehmen erfordern eine Gesetzgebung, die praxistauglich und finanziell tragbar ist. Aufgrund der wirtschaftlichen Bedeutung von Familienunternehmen in Deutschland sollte eine Reform der Erbschaftsteuer nicht politisch motiviert sein und als Faustpfand im Zusammenhang mit anderen politischen Fragestellungen verhandelt werden. Für den Gesetzgeber sollte eine Nettobetrachtung in der zukünftigen Gestaltung der Erbschaftsteuer entscheidend sein, welche das Steueraufkommen im Verhältnis zum notwendigen Erhebungsaufwand sowie den gesamtwirtschaftlichen Konsequenzen betrachtet. Darüber hinaus sollte der Gesetzgeber in der Zukunft eine kontinuierliche Regelung der Erbschaftsteuer anstreben. Die in dieser Arbeit analysierten häufigen Änderungen des ErbStG verstärken die negativen Auswirkungen für Familienunternehmen in Deutschland, da keine Planungssicherheit für vorausschauende Übertragungskonzepte gewährleistet werden kann.

Literaturverzeichnis

Apolinsky, H. I. (1996). The impact on small business and family business of changing the estate tax. *Family Business Review, 9*(3), 227-232.

Astrachan, J. H., & Tutterow, R. (1996). The effect of estate taxes on family business: Survey results. *Family Business Review, 9*(3), 303-314.

Bach, S., & Thiemann, A. (2016). Hohe Erbschaftswelle, niedriges Erbschaftsteueraufkommen. *DIW Wochenbericht, 83*(3), 63-71.

Becker, F. A., & Horn, C. H. (2005). Verfassungswidrigkeit der erbschaftsteuerlichen Bewertung von Kapitalgesellschaften (Stuttgarter Verfahren). *Der Betrieb*, (20), 1081-1083.

Bjuggren, P. O., & Sund, L. G. (2001). Strategic decision making in intergenerational successions of small- and medium-size family-owned businesses. *Family Business Review, 14*(1), 11-24.

Bjuggren, P. O., & Sund, L. G. (2005). Organization of transfers of small and medium-sized enterprises within the family: Tax law considerations. *Family Business Review, 18*(4), 305-319.

Bjuggren, P. O., & Sund, L. G. (2014). A contractual perspective on succession in family firms: a stakeholder view. *European Journal of Law and Economics, 38*(2), 211-225.

Brunetti, M. J. (2006). The estate tax and the demise of the family business. *Journal of Public Economics, 90*(10), 1975-1993.

Bruns, J. (2014). Erbschaft- und Schenkungsteuerrecht. *Steuerrecht*. Springer Fachmedien Wiesbaden. 191-268.

Bundesfinanzministerium (2016). *Gemeinsame Erklärung von Bundesfinanzminister Wolfgang Schäuble (CDU), Bundeswirtschaftsminister Sigmar Gabriel (SPD) und Ministerpräsident Horst Seehofer (CSU): Einigung zur Reform der Erbschaft- und Schenkungsteuer.*

Bundesgesetzblatt (1974a). *Teil I Nr. 42 Gesetz zur Reform des Erbschaftsteuer- und Schenkungsteuerrechts*. Bundesanzeiger Verlag.

Bundesgesetzblatt (1974b). *Teil I Nr. 114 Neufassung des Bewertungsgesetzes*. Bundesanzeiger Verlag.

Bundesgesetzblatt (1992). *Teil I Nr. 9 Gesetz zur Entlastung der Familien und zur Verbesserung der Rahmenbedingungen für Investitionen und Arbeitsplätze (Steueränderungsgesetz 1992 - StÄndG 1992)*. Bundesanzeiger Verlag.

Bundesgesetzblatt (1993). *Teil I Nr. 49 Gesetz zur Verbesserung der steuerlichen Bedingungen zur Sicherung des Wirtschaftsstandorts Deutschland im Europäischen Binnenmarkt (Standortsicherungsgesetz - StandOG)*. Bundesanzeiger Verlag.

Bundesgesetzblatt (1995). *Teil I Nr. 43 Jahressteuergesetz 1996*. Bundesanzeiger Verlag.

Bundesgesetzblatt (1997). *Teil I Nr. 13 Neufassung des Erbschaftsteuer- und Schenkungsteuergesetzes*. Bundesanzeiger Verlag.

Bundesgesetzblatt (2008). *Teil I Nr. 66 Gesetz zur Reform des Erbschaftsteuer- und Bewertungsrechts (Erbschaftsteuerreformgesetz - ErbStRG)*. Bundesanzeiger Verlag.

Bundesgesetzblatt (2009). *Teil I Nr. 81 Gesetz zur Beschleunigung des Wirtschaftswachstums (Wachstumsbeschleunigungsgesetz)*. Bundesanzeiger Verlag.

Bundesministerium der Finanzen (2016). *Bewertung nicht notierter Anteile an Kapitalgesellschaften und des Betriebsvermögens; Basiszins für das vereinfachte Ertragswertverfahren nach § 203 Absatz 2 BewG*.

Bündnis 90/Die Grünen (2014). 17.12.2014. *Gerechte Erbschaftsteuer jetzt!*. URL: https://www.gruene-bundestag.de/themen/steuern/gerechte-erbschaftsteuer-jetzt.html.

Bündnis 90/Die Grünen (2015). 25.09.2014. *Bundestagsrede von Lisa Paus Erbschaft- und Schenkungsteuer*. URL: https://www.gruene-bundestag.de/parlament/bundestagsreden/2015/september/lisa-paus-erbschaft-und-schenkungsteuer.html.

BVerfG (2006). *Beschluss des Ersten Senats vom 07. November 2006 - 1 BvL 10/02 - Rn. (1-204)*.

BVerfG (2014). *Urteil des Ersten Senats vom 17. Dezember 2014 - 1 BvL 21/12 - Rn. (1-7)*.

CDU (2014). 17.12.2014. *Grundstruktur der Regelungen bei der Erbschaftsteuer bestätigt*. URL: https://www.cdu.de/artikel/grundstruktur-der-regelungen-bei-der-erbschaftsteuer-bestaetigt.

CDU (2016). 24.06.2016. *Schäuble: Am Geld liegt es nicht*. URL: https://www.cdu.de/artikel/schaeuble-am-geld-liegt-es-nicht.

CSU (2014). 18.12.2014. *Keine zusätzlichen Belastungen für Unternehmer*. URL: http://www.csu.de/aktuell/meldungen/dezember-2014/reform-der-erbschaftsteuer/.

CSU (2016). 09.03.2016. *Alternativkonzept zur Reform der Erbschaftsteuer*. URL: http://www.csu.de/partei/parteiarbeit/arbeitsgemeinschaften/mu/mu-aktuell/maerz-2016/alternativkonzept-zur-reform-der-erbschaftsteuer/.

Chapman, K., Hariharan, G., & Southwick, L. (1996). Estate Taxes and Asset Accumulation. *Family Business Review*, *9*(3), 253-268.

De Massis, A., Chua, J. H., & Chrisman, J. J. (2008). Factors preventing intra-family succession. *Family Business Review*, *21*(2), 183-199.

Der Tagesspiegel (2015a). 11.03.2015. *Baden-Württemberg verstärkt Kritik an Wolfgang Schäuble*. URL: http://www.tagesspiegel.de/politik/erbschaftsteuer-baden-wuerttemberg-verstaerkt-kritik-an-wolfgang-schaeuble/11489892.html.

Der Tagesspiegel (2015b). 12.07.2015. *Das Dilemma der SPD*. URL: http://www.tagesspiegel.de/politik/reform-der-erbschaftsteuer-das-dilemma-der-spd/12044990.html.

Die Linke (2015a). 08.07.2015. *GroKo ist Schutzmacht der Reichen!*. URL: https://www.die-linke.de/index.php?id=55&tx_ttnews[tt_news]=42554&tx_ttnews[backPid]=9&no_cache=1.

Die Linke (2015b). 28.09.2015. *Milliarden-Geschenke an Familiendynastien bei der geplanten Erbschaftsteuerreform*. URL: https://www.die-linke.de/index.php?id=55&tx_ttnews[tt_news]=43297&tx_ttnews[backPid]=9&no_cache=1.

DNotZ (1995). BVerfG , 22. 6. 1995 - 2 BvR 552/91: Nr. 1 Gegenwärtige Besteuerungsunterschiede bei der Erbschaftsteuer auf Grundbesitz und Kapitalvermögen verfassungswidrig. *Deutsche Notar-Zeitschrift, 46*(10), 758-762.

Drucksache (1972). *Nummer 06/3418 Entwurf eines Zweiten Steuerreformgesetzes*. Verlag Dr. Hans Heger, Bonn-Bad Godesberg.

Drucksache (2015). *Nummer 353/15 Entwurf eines Gesetzes zur Anpassung des Erbschaftsteuer- und Schenkungsteuergesetzes an die Rechtsprechung des Bundesverfassungsgerichts*. Bundesanzeiger Verlag, Köln.

Ellul, A., Pagano, M., & Panunzi, F. (2010). Inheritance law and investment in family firms. *The American Economic Review*, 2414-2450.

Europäische Kommission (2009). *Final Report of the Expert Group, Overview of Familiy-Business-Relevant Issues: Research, Networks, Policy Measures and Existing Studies*.

Frankfurter Allgemeine Zeitung (2016). 07.02.2016. *Betriebserben droht volle Steuerlast*. URL: http://www.faz.net/aktuell/wirtschaft/wirtschaftspolitik/erleichterungen-bei-der-erbschaftssteuer-in-gefahr-14109244.html.

FDP (2014). 18.12.2014. *Konzept der Erbschaftsteuer überdenken*. URL: https://www.liberale.de/content/konzept-der-erbschaftsteuer-ueberdenken.

FDP (2015). 30.07.2015. *Erbschaftsteuer auf den Prüfstand*. URL: https://www.liberale.de/content/erbschaftsteuer-auf-den-pruefstand.

File, K. M., & Prince, R. A. (1996). Attributions for family business failure: The heir's perspective. *Family Business Review, 9*(2), 171-184.

Foster, J. D., & Fleenor, P. (1996). The estate tax drag on family businesses. *Family Business Review, 9*(3), 233-252.

Haug, M., Hölscher, L., & Vollans, T. (2009). An examination of the influence of inheritance tax upon business succession-lessons for Germany. *eJournal of Tax Research, 7*(1), 5-37.

Herzig, N., & Kessler, W. (1994). Übernahme der Steuerbilanzwerte in die Vermögensaufstellung. *Deutsches Steuerrecht, 32*(9), 3-16.

Holtz-Eakin, D., Joulfaian, D., & Rosen, H. S. (1994). Sticking it out: Entrepreneurial survival and liquidity constraints. *Journal of Political Economy, 102*(1), 53-75.

Janecek, D., & Gambke, T. (2015). *Erbschaftsteuer: Zeit für mehr Mut*. URL: http://www.dieterjanecek.de/kontext/controllers/document.php/31.3/0/f04880.pdf.

Kappenberg, C. J. (2012). *Unternehmensbewertung im Erbschaftsteuerrecht: Eine empirische Analyse unter besonderer Berücksichtigung der Kapitalkostenableitung*. Springer-Verlag.

Klein, S. B. (2004). *Familienunternehmen: Theoretische und empirische Grundlagen*. Gabler Verlag, Wiesbaden.

Kraft, C., & Kraft, G. (2014). *Grundlagen der Unternehmensbesteuerung*. Springer Fachmedien, Wiesbaden.

Mastromarco, D. R. (1992). The family-owned business in tax policy debates. *Family Business Review, 5*(2), 191-200.

Miller, D. (1998). The economics of the estate tax. *SSRN Working Paper Series*.

Miller, D. (2006). Costs and consequences of the federal estate tax. *SSRN Working Paper Series*.

Müller, J. (2008). *Unternehmensbewertung für substanzsteuerliche Zwecke: Eine empirische Analyse des Stuttgarter Verfahrens und alternativer Ansätze*. Gabler, Wiesbaden.

Olbrich, M. (2005). *Unternehmungsnachfolge durch Unternehmungsverkauf*. Springer-Verlag.

Olson, D. H. (2000). Circumplex model of marital and family sytems. *Journal of family therapy*, *22*(2), 144-167.

Picot, G. (2008). *Handbuch für Familien- und Mittelstandsunternehmen: Strategie, Gestaltung, Zukunftssicherung*. Schäffer-Poeschel Verlag, Stuttgart.

Reuters (2016). 24.02.2016. *Erbschaftsteuer-Reform wegen CSU-Forderungen in Gefahr*. URL: http://de.reuters.com/article/deutschland-erbschaftsteuer-idDEKCN0VX1ZN.

Ricardo, D. (1980). *Grundsätze der politischen Ökonomie und der Besteuerung*. Europäische Verlagsanstalt, Frankfurt am Main.

Rieg, T., Rau, S. B., & Kellermanns, F. W. (2015). Measuring the family: Development of scales for the assessment of business-owning families. *Academy of Management Proceedings, 2015*(1), 14409.

Saposnik, R., Tompkins, J., & Tutterow, R. (1996). Estate taxes and the investment decision in closely held firms. *Family Business Review*, *9*(3), 315-320.

Schröder, M., & Westerheide, P. (2010). *Wirtschaftliche und gesellschaftliche Bedeutung von Familienunternehmen*. Nomos Verlagsgesellschaft, Baden-Baden.

Smith, A. (2005). *Untersuchung über Wesen und Ursachen des Reichtums der Völker*. UTB Taschenbuchausgabe bei Mohr Siebeck, Tübingen.

SPD (2014). 17.12.2014. *Karlsruhe kippt Erbschaftsteuer-Regelung*. URL: https://www3.spd.de/aktuelles/126256/20141217_spd_erbschaftssteuer.html.

Soldano, P. (1996). Federal estate and gift taxes: Are they worth the cost?. *Family Business Review*, *9*(3), 295-302.

Statistisches Bundesamt (2015). *Erbschaft- und Schenkungsteuerstatistik 2014*. Statistisches Bundesamt, Wiesbaden.

Steuergesetze (2016). *15. Auflage Stand 1.2.2016*. dtv Verlagsgesellschaft mbH & Co. KG, München.

Stuttgarter Zeitung (2016). 17.02.2016. *Berlin steht vor Einigung bei Erbschaftsteuer*. URL: http://www.stuttgarter-zeitung.de/inhalt.neuregelung-erbschaftsteuer-berlin-steht-vor-einigung-bei-erbschaftsteuer.270ca6ce-7039-4611-a41d-f9170b5df61a.html.

Sund, L. G., & Bjuggren, P. O. (2007). Family-owned, limited close corporations and protection of ownership. *European Journal of Law and Economics*, *23*(3), 273-283.

Sund, L. G., & Bjuggren, P. O. (2012). Protection of ownership in family firms: post-sale purchase clauses and management perspective. *European Journal of Law and Economics*, *33*(2), 359-370.

Sund, L. G., Melin, L., & Haag, K. (2015). Intergenerational ownership succession: Shifting the focus from outcome measurements to preparatory requirements. *Journal of Family Business Strategy*, *6*(3), 166-177.

taz (2015). 11.03.2015. *Kuriose Allianz für reiche Erben*. URL: http://www.taz.de/!5017057/.

Troll, M., Gebel, D. & Jülicher, M. (2015). *Erbschaftsteuer- und Schenkungsteuergesetz: ErbStG*. Verlag Vahlen.

Tsoutsoura, M. (2015). The effect of succession taxes on family firm investment: Evidence from a natural experiment. *The Journal of Finance*, *70*(2), 649-688.

Wagner, R. (1996). Federal Transfer Taxation: The Effect on Saving, Capital Accumulation, and Economic Dissipation. *Family Business Review*, *9*(3), 269-283.

Wagner, R. (1993). *Federal transfer taxation: A study in social cost*. Institute for Research on the Economics of Taxation.

Yakovlev, P. A., & Davies, A. (2014). How does the estate tax affect the number of firms?. *Journal of Entrepreneurship and Public Policy*, *3*(1), 96-117.

Anhang

Teil A – Allgemeine Informationen

1. In welchem Jahr wurde Ihr Unternehmen gegründet (Gründungsjahr)? _____
2. Seit wann ist die Familie im Besitz des Unternehmens (falls abweichend vom Gründungsjahr)? _____
3. In der wievielten Generation befindet sich Ihr Unternehmen im Besitz der Familie?

    1. Generation ☐   2. Generation ☐   3. Generation ☐   4. Generation ☐

4. In welchem Land befindet sich der juristische Sitz Ihres Unternehmens? _____
5. In wie vielen Ländern ist Ihr Unternehmen mit Tochtergesellschaften vertreten? _____
6. In welcher Industrie ist Ihr Unternehmen hauptsächlich tätig?
7.
    - Bauwesen ☐
    - Bergbau ☐
    - Dienstleistungen ☐
    - Finanzwirtschaft und Immobilien ☐
    - Groß- & Einzelhandel ☐
    - Land- & Forstwirtschaft ☐
    - Produktion ☐
    - Transport & Versorgung ☐
    - Andere ☐ _____

8. Ist Ihr Unternehmen an der Börse notiert?

    Börsennotiert ☐   Nicht an der Börse notiert ☐

9. Welcher Anteil Ihres Unternehmens befindet sich in Familienbesitz?

    Anteil Familienbesitz: _____ %   im Besitz von: _____ Familienmitglieder

10. Wie viele Mitarbeiter beschäftigt Ihr Unternehmen in den Jahren 2013 und 2014 (Jahresdurchschnitt)?

    2013: _____ Mitarbeiter (ca.)   2014: _____ Mitarbeiter (ca.)

11. Wie setzt sich die Führung (Vorstand/Geschäftsführung) Ihres Unternehmens zusammen?

    Nur Familienmitglieder ☐   Nur externe Führungskräfte ☐   Gemischte Führung ☐

Teil B – Familiencharakteristika

Stimme gar nicht zu — *Stimme vollständig zu* (1–7)

11. Die Familienmitglieder fragen sich gerne gegenseitig um Rat
12. Die Mitglieder der Familie sorgen füreinander
13. Die Mitglieder der Familie fühlen sich einander nahe
14. Die Familienmitglieder verbringen gerne Zeit miteinander
15. Unsere Familie verbindet mehr als das Unternehmen
16. Die Mitglieder der Familie helfen einander
17. Die Familienmitglieder wissen, was die anderen bewegt
18. Die Familienmitglieder sind in der Lage mit Rollenveränderungen (z.B. Nachfolge) innerhalb der Familie gut umzugehen
19. Falls es nötig ist, ist die Familie bereit, Regeln sofort zu ändern
20. Die Familienmitglieder stoßen Veränderungen aktiv an

#		
21.	Unsere Familie geht bereitwillig auf Veränderungen ein	☐₁—☐₂—☐₃—☐₄—☐₅—☐₆—☐₇
22.	Allen Familienmitgliedern ist klar, wie wichtig Veränderungen sind	☐₁—☐₂—☐₃—☐₄—☐₅—☐₆—☐₇
23.	Die Familienmitglieder sehen Veränderungen nicht als Bedrohung an	☐₁—☐₂—☐₃—☐₄—☐₅—☐₆—☐₇
24.	Die Familienmitglieder lassen Veränderungen gerne zu	☐₁—☐₂—☐₃—☐₄—☐₅—☐₆—☐₇
25.	Die Familie ist bereit, unangenehme Entscheidungen zu treffen, wenn sie sie für notwendig erachtet	☐₁—☐₂—☐₃—☐₄—☐₅—☐₆—☐₇

Teil C – Erbschaftsteuer

a.) Nachfolge im Unternehmen

26. In circa wie vielen Jahren könnte der nächste Generationenwechsel in Ihrem Unternehmen stattfinden?

    1-5 Jahre ☐   6-10 Jahre ☐   11-15 Jahre ☐   16-20 Jahre ☐   21+ Jahre ☐

27. Vor wie vielen Jahren wurden zuletzt Anteile an Ihrem Unternehmen vererbt / übertragen?

    Bisher noch keine Vererbung / Übertragung von Unternehmensanteilen vollzogen ☐

    1-5 Jahre ☐   6-10 Jahre ☐   11-15 Jahre ☐   16-20 Jahre ☐   21+ Jahre ☐

28. In wie vielen Jahren werden die nächsten Anteile am Unternehmen voraussichtlich vererbt / übertragen?

    1-5 Jahre ☐   6-10 Jahre ☐   11-15 Jahre ☐   16-20 Jahre ☐   21+ Jahre ☐

29. Wurden bei der Vererbung / Übertragung von Unternehmensanteilen in der Vergangenheit Steuern fällig?

    Ja ☐   Nein ☐

30. Erwarten Sie bei der zukünftigen Vererbung / Übertragung von Unternehmensanteilen Steuern?

    Ja ☐   Nein ☐   Unsicher ☐

31. Wie viele Erben umfasst die Familie für den nächsten Generationenwechsel?

    _____ Erben; davon sind _____ direkte Nachkommen

	b.) Wahrnehmung der Erbschaftsteuer durch Familie und Entscheidungsträger	*Stimme gar nicht zu* *Stimme vollständig zu*
32.	Die Familie kennt sich mit den Regelungen der Erbschaftsteuer gut aus	☐₁—☐₂—☐₃—☐₄—☐₅—☐₆—☐₇
33.	Die Familie verfolgt aktuelle Entwicklungen der Erbschaftsteuer aufmerksam	☐₁—☐₂—☐₃—☐₄—☐₅—☐₆—☐₇
34.	Die Familie verfolgt aktuelle Entwicklungen der Erbschaftsteuer mit Besorgnis	☐₁—☐₂—☐₃—☐₄—☐₅—☐₆—☐₇
35.	Entscheidungsträger im Unternehmen kennen sich mit den Regelungen der Erbschaftsteuer gut aus	☐₁—☐₂—☐₃—☐₄—☐₅—☐₆—☐₇
36.	Entscheidungsträger im Unternehmen verfolgen aktuelle Entwicklungen der Erbschaftsteuer aufmerksam	☐₁—☐₂—☐₃—☐₄—☐₅—☐₆—☐₇
37.	Entscheidungsträger im Unternehmen verfolgen aktuelle Entwicklungen der Erbschaftsteuer mit Besorgnis	☐₁—☐₂—☐₃—☐₄—☐₅—☐₆—☐₇

c.) Auswirkungen auf Familie und Unternehmen

Stimme gar nicht zu — *Stimme vollständig zu*

38. Die Erbschaftsteuer belastet den Familienfrieden
39. Die Erbschaftsteuer erschwert den Generationenwechsel
40. Die Erbschaftsteuer verringert die Motivation der nachfolgenden Generation für die Fortführung des Unternehmens
41. Die Erbschaftsteuer wird in der Zukunft eine finanzielle Belastung für das Unternehmen darstellen
42. Die Erbschaftsteuer gefährdet Arbeitsplätze im Unternehmen
43. Die Erbschaftsteuer gefährdet notwendige Investitionen im Unternehmen
44. Die Begleichung der Erbschaftsteuer zwingt die nachfolgende Generation zur (Teil-)Liquidation/Veräußerung des Unternehmens
45. Die Erbschaftsteuer gefährdet den Fortbestand des Unternehmens

d.) Auswirkungen auf Staat und Gesellschaft

Stimme gar nicht zu — *Stimme vollständig zu*

46. Die Erbschaftsteuer schadet der Attraktivität des Wirtschaftsstandorts Deutschland
47. Die Erbschaftsteuer macht eine Verlagerung des juristischen Unternehmenssitzes ins Ausland wahrscheinlich
48. Die Erbschaftsteuer vermindert die Wettbewerbsfähigkeit des Unternehmens
49. Die Erbschaftsteuer vermindert die Wettbewerbsfähigkeit des Unternehmens im Vergleich zu Publikumsgesellschaften
50. Die Debatte zur Erbschaftsteuer schadet dem Ansehen von Familienunternehmen
51. Die Debatte zur Erbschaftsteuer vernachlässigt den gesellschaftlichen Beitrag von Familienunternehmen
52. Die Debatte zur Erbschaftsteuer verstärkt die öffentliche Missgunst gegenüber erfolgreichen Familienunternehmen
53. Die Debatte zur Erbschaftsteuer beansprucht die gesellschaftliche Verantwortung von Familienunternehmen übermäßig

e.) Wünschenswerte Gesetzgebung für Erbschaftsteuer bei Familienunternehmen

54. Bis zu welcher Mitarbeiterzahl halten Sie eine Verschonung von der Erbschaftsteuer für angebracht?
    _____ Mitarbeiter

55. Welche Haltefrist bewerten Sie für eine vollständige Verschonung der Erbschaftsteuer als angemessen?
    _____ Jahre

56. Ab welcher Höhe an übertragenem begünstigten Vermögen halten Sie eine Bedürfnisprüfung für angebracht?
    _____ Mio. Euro

57. Bei welchem Erbschaftsteuersatz würden Sie auf alle Freibeträge und Ausnahmeregelungen für Familienunternehmen verzichten, wenn dadurch Rechtssicherheit gegeben wäre?
    _____ %

ifb@WHU

Institut für Familienunternehmen der WHU

Das Institut für Familienunternehmen der WHU (ifb@WHU) versteht sich als Impulsgeber und Vordenker rund um das Themenfeld „Familienunternehmen".

Mit einem 15-köpfigen Team aus Wissenschaft und Praxis beleuchten wir Familienunternehmen aus den unterschiedlichsten Perspektiven. Unsere aktuellsten Forschungsprojekte untersuchen beispielsweise Innovation, Führung, Nachfolge und Finanzierungsaspekte in Familienunternehmen sowie Family Offices.

Doch neue Erkenntnisse zu generieren reicht uns nicht. Wir wollen diese Erkenntnisse im Austausch mit der Praxis diskutieren, weitergeben und erweitern. Dies gelingt am besten durch einen kontinuierlichen Dialog mit erfahrenen Unternehmern und Führungskräften. Unser Ziel ist es, durch unsere Forschung einen Beitrag dazu zu leisten, Unternehmungen besser zu machen.

Sind Sie interessiert an Neuigkeiten und Forschungseinblicken des ifb@WHU? Dann folgend Sie uns auf unserer Facebook-Seite *Institut für Familienunternehmen der WHU - ifb*.